INDEX6

1ª edição - 2009

EDITORA EDGARD BLÜCHER LTDA.
Rua Pedroso Alvarenga 1.245, 4º andar
04531-012 São Paulo, SP Brasil
t (55.11) 3078.5366
editora@blucher.com.br
www.blucher.com.br

Impresso no Brasil · *Printed in Brazil*

ADGBrasil

EDITORA BLUCHER 50 anos

Dados Internacionais de Catalogação na Publicação (CIP)
(Câmara Brasileira do Livro, SP, Brasil)

Index 6 ADG Brasil / Associação dos Designers Gráficos do Brasil – São Paulo : Blucher, 2009.

Vários colaboradores.

ISBN 978-85-212-0423-7

1. Associação dos Designers Gráficos 2. Design - Brasil 3. Design gráfico - Brasil 4. Designers.

09-02884 CDD-745.4

Índices para catálogo sistemático:
1. Design : Artes 745.4
2. Design gráfico : Artes 745.4

INDEX 6 ADG BRASIL

Associação dos Designers Gráficos

6

Sumário

20 anos de ADG Brasil

Esta edição do Index ADG Brasil comemora o 20º aniversário da associação. Durante esse período, a ADG Brasil foi a maior responsável pela divulgação da atividade de milhares de profissionais, fortalecendo o interesse e o reconhecimento da profissão.

A cada dois anos, o Index ADG Brasil publica um conjunto de trabalhos selecionados pelos seus associados como os mais representativos de sua atuação no período. É um mostruário abrangente da produção nacional e uma valiosa fonte de consulta para profissionais e contratantes de serviços de design gráfico em todo o país. Neste número, reunimos mais de 150 participantes que mostram abordagens e competências distintas e abrangentes, num testemunho do crescimento e do amadurecimento do design gráfico brasileiro.

Para facilitar a consulta e o contato profissional, os associados presentes nesta edição foram organizados pela ordem alfabética de suas empresas. Suas páginas foram diagramadas pelos próprios designers, enfatizando a visão de cada um a respeito da qualidade e relevância de seu trabalho. Boa consulta!

a Diretoria

Associados ADG Brasil 2008

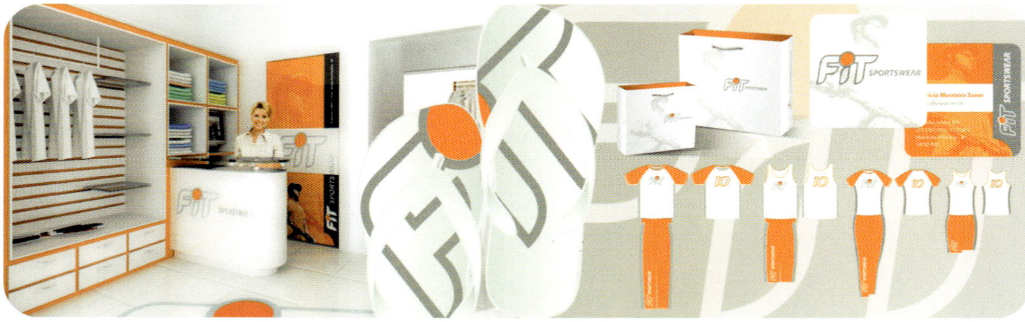

1. Identidade Visual da 2design
2. Identidade Visual, Ambientação de Loja e Desenvolvimento de Móbiliario Exclusivo para Loja Fit - Especializada em Material Esportivo
3. Envelopamento de Stand Jacto na Agrishow 2008
4. Catálogo de Produtos para Móveis Planejados da Linha de Adegas PróMarket

Associado
Evandro Francisco da Rocha

Avenida Nações Unidas, 17-17
10º andar - Salas 1006/1007
Vila Santo Antônio, Bauru, SP
17013-905
www.2design.com.br
evandro@2design.com.br
tel 14 3227.8226
fax 14 3227.8226

2design

Posicionamento

Pronta para atuar em diversos segmentos e situações de mercado, de forma diferenciada, a 2design aposta na renovação de idéias, sobretudo em atendimentos personalizados e criativos.

Area de atuação

Design Corporativo
Design Promocional
Design Editorial
Identidade Visual
Sinalização

Principais clientes

Máqunas Agrícolas Jacto
Bombas Leão
Grupo Lwart
PróMarket
Tilibra
Plasútil

5. Identidade Visual do Fotografo Flávio Pinto
6. Projeto Editorial de um Informativo Bimestral Voltado para Clientes e Parceiros da Tilibra
7. Projeto Editorial de uma Revista Bimestral Voltada para o Segmento de Bombas Submersas
8. Identidade Visual de Loja Especializada em Pesca

2design

Principais clientes
Máqunas Agrícolas Jactc
Bombas Leão
Grupo Lwart
PróMarket
Tilibra
Plasútil

Area de atuação
Design Corporativo
Design Promocional
Design Editorial
Identidade Visual
Sinalização

Posicionamento
Pronta para atuar em diversos segmentos e situações de mercado, de forma diferenciada, a 2design aposta na renovação de idéias, sobretudo em atendimentos personalizados e criativos.

Associado
Emerson Francisco da Rocha

Avenida Nações Unidas, 17-17
10º Andar - Salas 1006/1007
Vila Santo Antônio, Bauru, SP
17013-905
www.2design.com.br
emerson@2design.com.br
tel 14 3227.8226
fax 14 3227.8226

0_1/zero_um/
sistemas informatizados

Estructural
engenharia de estruturas

Escritório Modelo Desenho Industrial

Decorfácil
Persianas e cortinas para interiores

VIP CAR

Park Solidário
uma iniciativa da GE PARK

Securità
estruturação de projetos

Associado
Marco Aurelio Veiga Martins

Rua Senador Dantas, 75 / 1801
Centro
Rio de Janeiro, RJ
20031-914
www.2pestudio.com
contato@2pestudio.com
tel/fax 21 2215.6464

2p estúdio consultoria

Posicionamento

Formado por profissionais atuantes há mais de 15 anos no mercado, o 2p estúdio elabora projetos nas áreas de marketing promocional, design gráfico e mídia digital, direcionados à implantação, divulgação e fortalecimento da Marca da empresa e/ou do produto.

Area de atuação

Identidade Visual
Sinalização Institucional
Design Promocional
Design de Multimeios

Principais clientes

Computer Hospital
Futura Assessoria
GE Park Estacionamentos
NAP / UFRJ
ONG Praticável
Securità Estruturadora

Simples Consultoria

RICEX IMPORTAÇÃO & EXPORTAÇÃO

ELO PRESENTES

GENUÍNA Lindoya

Design de marcas e principal projeto de embalagem lançado no mercado nacional.
Projeto Acquafibra (créditos):
Juan Guerra (fotografia) e Daniela Varanda (texto).

9design

Associado
Carla Martins de Menezes Arguello

www.9design.com.br
carla@9design.com.br
tel 11 3717.2969
skype: carla9design

Principais clientes
Ercoli
Genuína Lindoya
Ricex
Simples Consultoria

Area de atuação
Design de embalagens
Design de marcas
Identidade Corporativa

Posicionamento
a 9design nasceu do encontro de dois designers - Carla Martins e Gustavo Arguello - com o objetivo de coordenar todas as fases de projetos de marca e embalagem, baseados em soluções inovadoras além de propor - sempre que possível - conceitos de design sustentável.

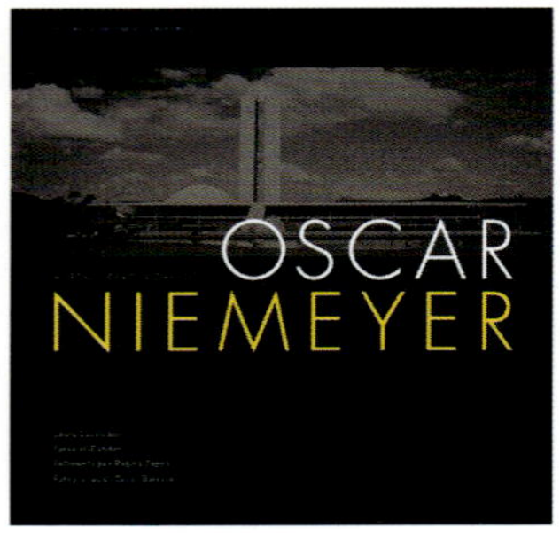

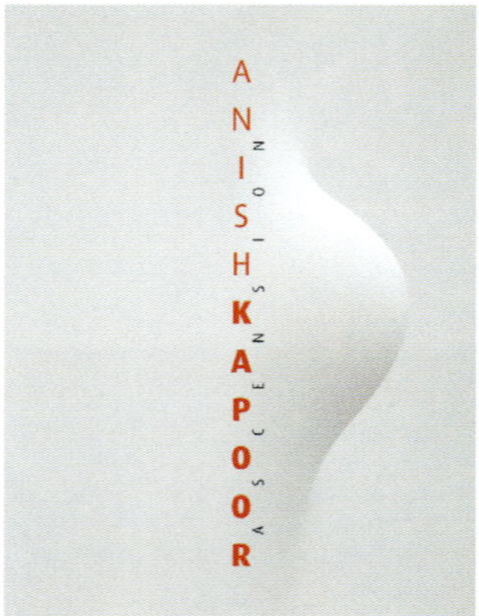

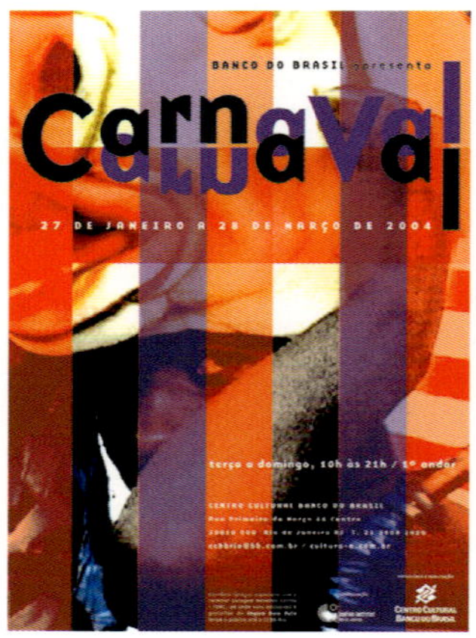

Associado
Heloisa Faria

Av. Epitácio Pessoa 3724/101
Lagoa
Rio de Janeiro RJ Brasil
22471-001
www.19design.com.br
19design@19design.com.br
tel 21 2527.8820
fax 21 2527.1230

19 design

Posicionamento
Atuando em todos os setores do design gráfico, o 19 tem como especialidade a construção de identidades, a partir da elaboração de conceitos e estratégias, que buscam a excelência por meio de soluções diferenciadas.

Area de atuação
Identidade Visual
Símbolos e Logotipos
Exposições
Editorial
Sinalização

Principais clientes
Fundação Roberto Marinho
Mag + Rede Cultural
Petrobras
Transpetro
Centro Cultural Banco do Brasil
Repsol YPF
Empresas Concremat

Sinalização interpretativa: Parque Nacional da Serra da Canastra e cidade de Ouro Preto.

Adæquatio Estúdio de Criação

Associado
Sérgio Luciano

Principais clientes
IEF - Instituto Estadual de Florestas
IBAMA - Inst. Brasileiro M. Ambiente
Instituto Terra Brasilis (ONG)
Fundação Zoo-Botânica de B.H.
IPHAN - Instituto de Patrimônio Histórico e Artístico Nacional
UFMG/Fac. Filosofia e C. Humanas

Area de atuação
Exposição ambiental
Sinalização interpretativa
Editorial
Identidade visual
Projeto tipográfico
Mídia impressa e interativa
Preservação digital

Posicionamento
Atuamos desde 2000 com ênfase em projetos ecológicos e histórico-culturais: exposições ambientais, sinalização interpretativa de parques, cidades históricas, monumentos e preservação de documentos históricos em meio digital.

Rua Rio Grande do Sul, 1040, lj. 16
Bairro Santo Agostinho
Belo Horizonte, Minas Gerais
30170-111
www.adaequatio.com.br
adaequatio@terra.com.br
sergio.luciano@terra.com.br
tel 31 3291.0711
cel 31 9746.7192

Exposições ambientais: Casa da Serra (Prados/ Tiradentes), Fundação Zoobotânica de Belo Horizonte, Parque Estadual do Rio Doce, Parque Estadual do Ibitipoca

Adæquatio Estúdio de Criação

Associado
Nélio Ribeiro

Rua Rio Grande do Sul, 1040, lj. 16
Bairro Santo Agostinho
Belo Horizonte, Minas Gerais
30170-111
www.adaequatio.com.br
adaequatio@terra.com.br
nelio.ribeiro@terra.com.br
tel 31 3291.0711
cel 31 9291.1400

Posicionamento

Atuamos desde 2000 com ênfase em projetos ecológicos e histórico-culturais: exposições ambientais, sinalização interpretativa de parques, cidades históricas, monumentos e preservação de documentos históricos em meio digital.

Area de atuação

Exposição ambiental
Sinalização interpretativa
Editorial
Identidade visual
Projeto tipográfico
Mídia impressa e interativa
Preservação digital

Principais clientes

IEF - Instituto Estadual de Florestas
IBAMA - Inst. Brasileiro M. Ambiente
Instituto Terra Brasilis (ONG)
Fundação Zoo-Botânica de B.H.
IPHAN - Instituto de Patrimônio Histórico e Artístico Nacional
UFMG/Fac. Filosofia e C. Humanas

Livro comemorativo dos 20 anos da Cacau Show.
Projeto gráfico, direção de arte e ilustrações:
A Fábrica Comunicação, fotografias de Lailson Santos e edição de textos por Lira Neto.

A Fábrica Comunicação

Principais clientes
Cacau Show
Mardam Produtos para Higiene
Cotac GM / Honda
Central de Outdoor SP Interior
Scarlen Calçados
Constantino Calçados
Budini Incorporated

Area de atuação
Design de embalagens
Design editorial
Webdesign
Propaganda
Identidade visual
Branding

Posicionamento
O design gráfico tem objetivos de negócios a cumprir, porém, deve trazer em sua arquitetura, funcionalidade, subjetividade e paixão, sempre estruturado pelo bom senso e bom gosto.
O respeito ao cliente norteia o projeto, executado a quatro mãos.

Associado
José Ribamar Lins Sousa Jr.

Rua Francisco Martins, 393
Jardim Armênia
Mogi das Cruzes, SP
08780-520
www.afabricacomunicacao.com.br
a.fabrica@uol.com.br
tel 11 4799.6356
fax 11 4799.6356
Nextel 9 * 713 / 7883.0778

agencia azul
comunicação interativa

Talho Capixaba
DELICATESSEN

RYGY

PREFEITURA DO RIO apresenta
Folha do Bonequeiro
INFORMATIVO DA COORDENADORIA DE TEATRO DE BONECOS E ANIMAÇÃO

Felipe Falcão
ODONTOLOGIA ESTÉTICA

Mark Design:
Feddersen

Associado
Mark Feddersen

Rua Gomes Carneiro, 112 / 201
Ipanema
Rio de Janeiro, RJ
22071-110
www.agenciaazul.com.br
mark@agenciaazul.com.br
tel 21 2521.0045
21 2267.5429
www.mark.art.br

Agência Azul

Posicionamento
Voe alto!

Area de atuação
Identidade Visual
Projetos Interativos
Propaganda Online
Multimídia

Principais clientes
SulAmérica
Devassa
Rede Labs D'Or
Aviator
Talho Capixaba
Dream Factory
Privilège

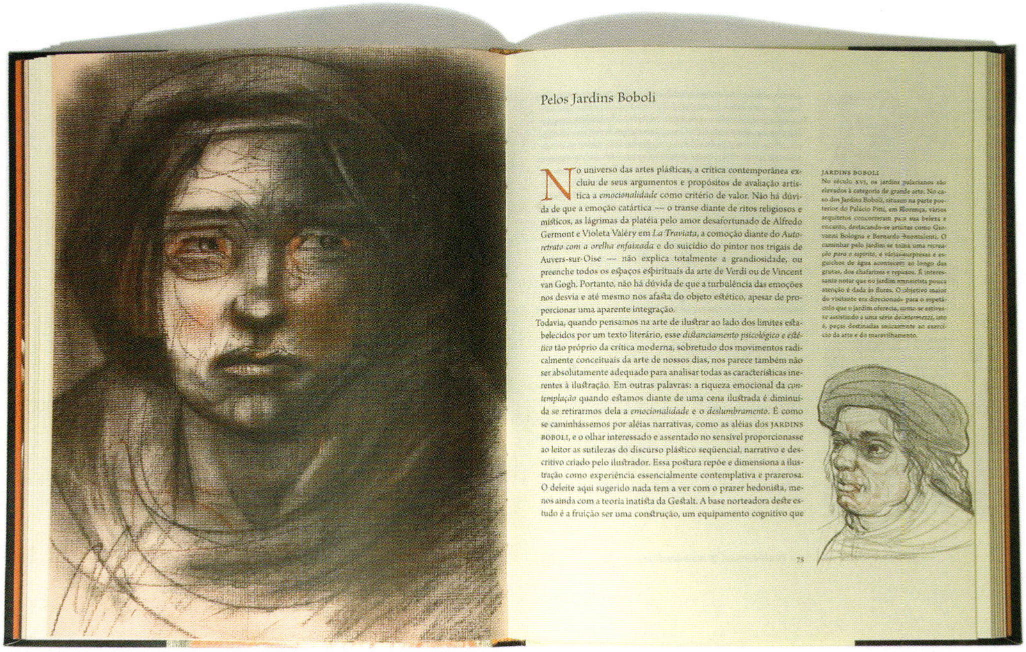

De cima para baixo: design dos livros (capa e miolo) "O que é qualidade em ilustração (...)", Editora DCL; "Eles estão aí fora", Editora Leitura; "Pelos Jardins Boboli(...)", Editora Nova Fronteira.

Ana Sofia Mariz

Associado
Ana Sofia Mariz

Principais clientes
Adler Editora
Editora DCL
Editora Leitura
Editora Nova Fronteira
Edirora Objetiva
Editora Record

Area de atuação
Editorial
Gráfico
Acadêmico

Posicionamento
Designer gráfico especializada em design de livros com experiência de mais de 10 anos neste mercado. Professora nas áreas de design gráfico e editoração.

Rua São Salvador, 59/502,
Laranjeiras
Rio de Janeiro, RJ
22231-900
www.anasofia.net
design@anasofia.net
tel 21 2556.0792
skype: ana sofia mariz

Em sentido horário, a partir do alto à esquerda: periódicos corporativos; nossa marca; folheto Unibanco Seguros & Previdência; logotipo para fabricante de pigmentos; mala direta para lançamento de produto Duratex; logotipo para instaladora de som automotivo; selo comemorativo; lettering para linha de produtos.

Associado
Luiza Whitaker

Arco W Comunicação & Design

Al. Casa Branca, 851 - 1º andar
Cerqueira César
São Paulo, SP
01408-001
www.arcow.com.br
luiza.whitaker@arcow.com.br
tel 11 3062.0374 / 3064.2307
fax 11 3064.1904

Posicionamento
Desde 1995, nossa equipe eficiente e criativa mantém clientes fiéis entre pequenas, médias e grandes empresas. Com parcerias selecionadas, gerenciamos todo o processo – do projeto, redação, criação e tratamento de imagens até a produção gráfica, personalização e manuseio.

Area de atuação
Comunicação Institucional
Comunicação Promocional
Periódicos Corporativos
Identidade Visual
Marketing Eletrônico

Principais clientes
Cargill
Deca
DPA (Nestlé - Fonterra)
Duratex
Martin-Brower
Renner Sayerlack
Unibanco Seguros & Previdência

Exposição histórica de longa duração sobre o gás canalizado na cidade de São Paulo, na sede na Comgas no bairro do Brás.

Arquiprom

Associado
Marklen Siag Landa

Principais clientes
Adcos
Comgas
Duratex
Editora Melhoramentos
Elo 3
Leo Madeiras

Area de atuação
Comunicação Visual
Expografia e museografia
Design

Posicionamento
Atuamos no desenvolvimento de projetos, planejamento e produção para exposições, museus, sinalização, estandes e eventos institucionais e promocionais.

Rua Arruda Alvim, 82
Pinheiros, São Paulo, SP
05410-020
www.arquiprom.com.br
arquiprom@arquiprom.com.br
tel 11 3081.7188
fax 11 3081.7188

site pessoal / www.brunofree.com.br

Associado
Bruno Neves

Av. Ernani do Amaral Peixoto 455
sala 408 - Centro
Niterói, RJ
24020-077
www.asterisco.ppg.br
brunofree@asterisco.ppg.br
tel 21 2621.4171
MSN: msn@brunofree.com.br

Asterisco Designers Associados

Posicionamento

Nossa agência tem obsessão pela qualidade, e por isso queremos esta entre as melhores, não as maiores. Temos uma estrutura enxuta, uma grande equipe e um atendimento personalizado para cada tipo de cliente.

Area de atuação

Design de embalagens
Editorial
Identidade Visual
Web Design
Flash Design
Design Gráfico
Campanhas

Principais clientes

Botafogo F.R
Casa da Gávea
Amazônia Móveis
Plano de Saúde Amigo
PNCQ
William Douglas
Casa de Saúde São José

Da esquerda para a direita e de cima para baixo: Marca do Center COC, site da Doramila, identidade visual da Biblioteca Transcol, marca do Pombo, marca da Rotas, site da Cervejaria Saidera, revista Espaço Ambiental, marca da Point Fone e site da Emflora.

Balaio Comunicação e Design

Associado
Felipe Pereira Gama

Principais clientes
Doramila
Tribunal de Contas (TCE-ES)
Projeto Tamar - Loja virtual
ESAFI - Escola de Treinamento
Point Fone
Cervejaria Saidera
de Sá Luminarias

Area de atuação
Editorial
Identidade Visual
Mídia Digital
Promocional
Sinalização
Design de embalagens
Ambientação

Posicionamento
Identificar a essência, as particularidades e as reais necessidades do cliente; Produzir, por meio das ferramentas da Comunicação e do Design, respostas e soluções diferenciadas, que atendam às expectativas e produzam um retorno tangível.

Av. Fernando Ferrari, 670, 2º andar
Jardim da Penha - em frente a Ufes.
Vitória, ES
29060-220
www.balaiodesign.com.br
felipe@balaiodesign.com.br
tel 27 3315.4390
fax 27 3317.6569
atendimento@balaiodesign.com.br

Da esquerda para direita:
Peview – Identidade e design de interior (Brasil)
Petrobras – Relatório anual (Brasil)
Viatletica – Identidade e peça publicitária (Brasil)
Quatro – Flyer (Espanha)
Compagnia della bellezza – Postal (Espanha)

Associado
Hermes Souza Júnior

BDG Brasil/Buracodagia

Alameda Praia de Ubatuba. QE6
Lote 37 Vilas do Atlantico
Lauro de Freitas, Bahia
CEP 42700-000
www.bdgbrasil.com.br
hermes@buracodagia.com.br
tel 71 3011.5968
cel 71 9963.5968
hermesoza@hotmail.com

Posicionamento
Nascido em Salvador/ Ba, 35 anos, autodidata, tem sido incansável na busca do aperfeiçoamento profissional. Sócio da BDGBrasil e da BDGIberia (ES), responde pela criação de marcas, peças publicitárias, videos e tudo mais onde o design seja essencial.

Area de atuação
Identidade Visual
Design Gráfico
Design de Interior
Design de embalagem
Webdesign
Move
Publicidade

Principais clientes
Lonely Planet - Espanha
Petrobras S.A. - Brasil
Preview Computadores - Brasil
CCI-B - Espanha
CDB - Espanha
KCultural - Espanha

1 e 2. Promoção Bacardi Drinks e lançamento linha Bozzano B-Effects: conceito, identidade, mpressos, embalagem e brindes; 3. Brinde Google; 4. Canecas Linx; 5. Nova embalagem do gel tradicional Bozzano; 6 e 7. Holiday gift Nokia: luminária e caixa; 8. Kit para lançamento dos celulares com música da Nokia.

Bea Ejchel Projetos Especiais

Associado
Bea Ejchel

Principais clientes
Nokia
Revlon-Bozzano
Bacardi-Martini
Visa
Duke-Energy
Google
MIcrosoft

Area de atuação
Design promocional
Branding
Identidade Visual
Design de embalagens
Editorial
Gifts exclusivos
Papelaria luxo

Posicionamento
Diretora de criação, Bea Ejchel atua em seu escritório de Design e Projetos Especiais coordenando equipes multidisciplinares on demand. Antenada nas tendências, pesquisa e desenvolve conceitos diferenciados e realiza produções exclusivas.

Alameda Santos, 1398 cj 97
Cerqueira César
São Paulo, SP
01418-100
www.beaejchel.blogspot.com
beaejchel@terra.com.br
tel/fax 11 3253.5161
skype: beaejchel
MSN: beaejchel@hotmail.com

Associado
Ludger Tamaoki

Praça Osório, 45
Centro
Curitiba, PR
80020-930
www.brainboxdesign.com.br
ludger@brainboxdesign.com.br
tel 41 3018.1695
fax 41 3027.3377
ludger.tamaoki

Brainbox Design Estratégico

Posicionamento
Somos uma empresa de design, feita 100% por designers. Atendemos nossos clientes pensando em design, do briefing à produção, da criação ao orçamento. Design no começo, design no fim.

Area de atuação
Design de embalagens
Editorial
Identidade Visual
Sinalização

Principais clientes
Museu Oscar Niemeyer
Amazônia Natural
Diogo Portugal
TKL Importações
SESI

B BRANDER

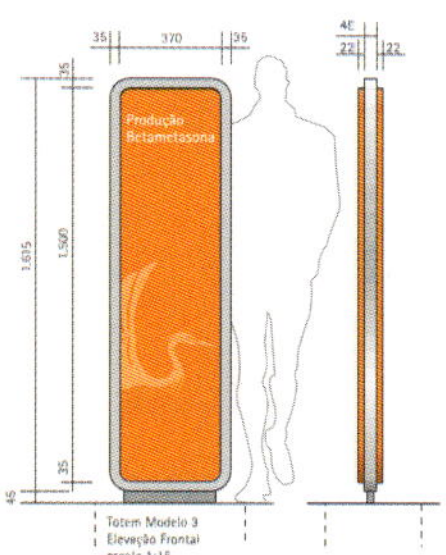

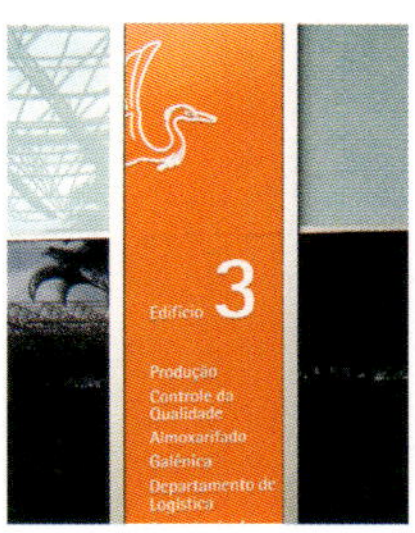

Pinheiro Neto Advogados : sinalização
Mantecorp: sinalização

Brander | Branding Expression

Associado
Marco Ruotolo

Principais clientes
Unibanco
Fotoptica
GE Healthcare
Mantecorp
Cambuci - Stadium
Mococa
DKT - Preservativos Prudence

Area de atuação
Gestão de marcas
Identidade visual
Linguagem de marca
Embalagens
Sinalização
Ambientação /3D
Internet / site

Posicionamento
A essência de uma marca é sua verdade. Para a Brander, entender o negócio do cliente, encontrar seu posicionamento, definir sua atuação e integrar todas as suas formas de expressão, é crescer seu valor, é ser contundente e consistente na mente dos consumidores.

R. Artur de Azevedo, 1767 - sala 42
Pinheiros
São Paulo SP
05404-014
www.brander.com.br
brander@brander.com.br
tel 11 3067.5990
fax 11 3067.5990

BRANDER

equipe brander: marco ruotolo, milton cipis, marcio ohta, regina nogueira, flávia reis, raquel astolfi, alessandra balego, tarci rogério, haroldo mozar, fabiano santos, cláudia eccard, claudio stepanies, fábio figueira, maya pope, sérgio mello

Marca Stadium : aplicações em produtos
Marca Prudence: aplicações em embalagens

Associado
Milton Cipis

R. Artur de Azevedo, 1767 - sala 42
Pinheiros
São Paulo SP
05404-014
www.brander.com.br
brander@brander.com.br
tel 11 3067.5990
fax 11 3067.5990

Brander | Branding Expression

Posicionamento

A essência de uma marca é sua verdade. Para a Brander, entender o negócio do cliente, encontrar seu posicionamento, definir sua atuação e integrar todas as suas formas de expressão, é crescer seu valor, é ser contundente e consistente na mente dos consumidores.

Area de atuação

Gestão de marcas
Identidade visual
Linguagem de marca
Embalagens
Sinalização
Ambientação /3D
Internet / site

Principais clientes

Unibanco
Fotoptica
GE Healthcare
Mantecorp
Cambuci - Stadium
Mococa
DKT - Preservativos Prudence

Memorial Luiz Gonzaga

Petro Postos

QUÂNTICA Consultoria & Representações

SOGOMA Alimentos do Nordeste

PORTO MARLIN Fernando de Noronha - Brasil

ASTUR-PE

MACTOOT

Pousada Amaragi

Breno Carvalho

Principais clientes
Quântica Consultoria
Memorial Luiz Gonzaga
Petro Postos
Unicap
Mactoot
Souza Cruz N/NE

Area de atuação
Web Design
Editorial
Identidade Visual
Ilustração

Posicionamento
Relações Públicas, Especialista em Design da Informação pela UFPE e Professor da Universidade Católica de Pernambuco, desenvolve projetos editoriais e de identidade visual há mais de 10 anos. Atuando em Internete desde 1996, pretendo abraçar projetos em 3D.

Associado
Breno José A. de Carvalho

Rua José de Barros Bezerra, 87, 501B, Arruda, Recife, PE
52120-105
www.brenodesign.com
breno25@gmail.com
tel 81 9166.7325
MSN: theone2503@hotmail.com
www.a_matrix.blogger.com.br

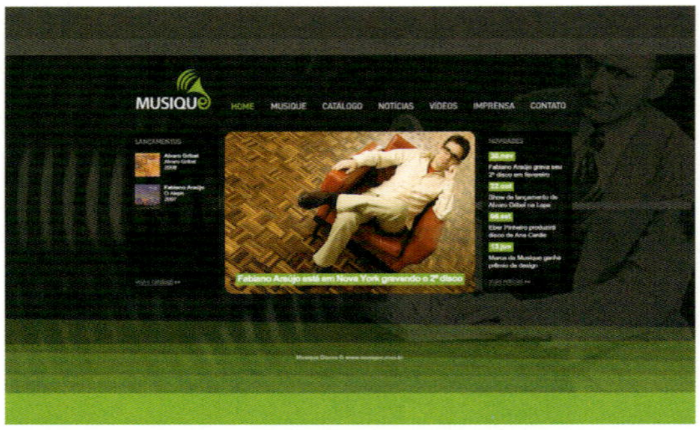

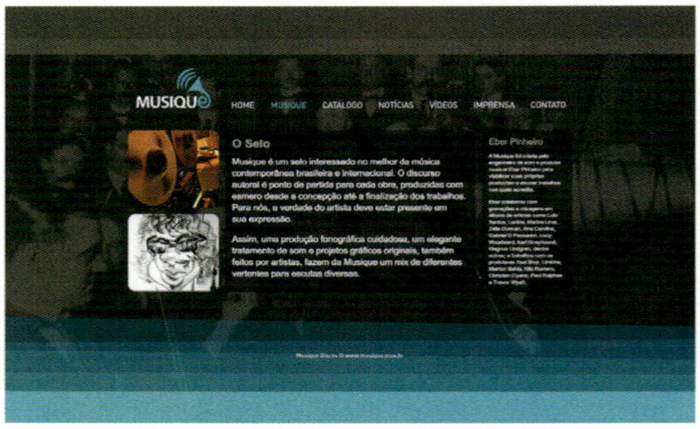

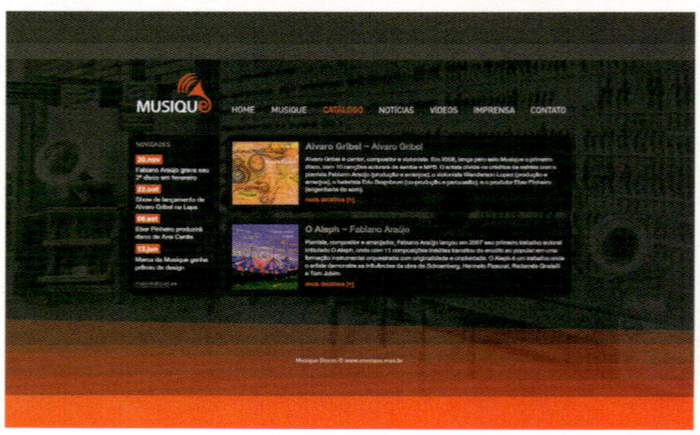

Na esquerda, projeto de Identidade Visual e site para o selo de música Musique.
Na direita, sites móveis do Novo Gol e da Árvore de Natal da Bradesco Seguros e Previdência.

Associado
Bruno de Souza Galliez

R. Joaquim Floriano, 133 / 44
Itaim Bibi
São Paulo, SP
04534-010
www.brunogalliez.com
bruno@brunogalliez.com
tel 11 8788.6116
tel 21 8131.3851
skype: bruno_galliez
MSN: bgalliez@hotmail.com

Bruno Galliez

Posicionamento
Bacharel em Design Visual com quatro anos de atuação profissional na área de Web Design e mais recentemente, em Mobile Design. Também desenvolve projetos de Identidade Visual e Design Gráfico.

Area de atuação
Web Design
Mobile Design
Identidade Visual
Design Gráfico

Principais clientes
Volkswagen
Bradesco Seguros
Hands
Musique
Jornal do Brasil
Rede Labs D'Or
Enjoy

Cartaz ***Mauricio na China*** selecionado para a ***Bienal Internacional del Cartel en México 2008***. Exposição ***Dingbats Brasil*** montada no Rio de Janeiro, São Paulo, Bogotá, Florianópolis e Manaus entre 2006 e 2008. Capas para editoras Nova Fronteira, Quartet e para as revistas Inflávio, Revista O Globo e Designe.

Bruno Porto Comunicação Visual

Associado
Bruno Porto

Principais clientes
Editora Nova Fronteira
Editora Record
Embaixada do Brasil em Hanói
Consulado do Brasil em Xangai
Raffles Design Institute
Revista O Globo
Revista Tatler

Area de atuação
Design Editorial
Identidade Visual
Ilustração
Curadoria

Posicionamento
Projetos premiados e expostos na Argentina, Colômbia, Venezuela, México, Espanha, Ucrânia e China, e publicados em diversos livros internacionais. Professor da UniverCidade (RJ) de 1996 a 2006, atualmente vive em Xangai, onde leciona no Raffles Design Institute.

www.brunoporto.com
design@brunoporto.com

À partir do topo:
_Memória | Ilustração para o livro Disorder in Progress.
_WWF | Mundo, spot publicitário em animação.
_McCafé - Budapeste | Spot publicitário em animação.
_Nike - Asia | Dust, spot publicitário em animação.
_Mtv | Beija Sapo, abertura + i.d. de programa para a TV.

Associado
Aleixo de Souza Leite

SCLN 214 bl. C sala 201
Asa Norte
Brasília, DF
70873-530
www.buracodebala.com
info@buracodebala.com
tel 61 3039.2260
fax 61 3039.2260
skype: aleixoburacodebala

Buraco de Bala | Animação + Design

Posicionamento
Fundada em 1999, a Buraco de Bala é um estúdio de design e animação que procura criar experiências envolventes através da animação tradicional, 3D, motion graphics, illustração, design de personagens e concept art.

Area de atuação
Animação 2D
Animação 3D
Concept Art
Identidade Visual
Toys

Principais clientes
Nike
McDonald's
Coca-Cola
WWF | World Wildlife Fund
Mtv
Vh1

Coletânea de logotipos, marcas e trabalhos de divulgação/propaganda.

By3 comunicação + design

Associado
Paulo Braga Prado

Principais clientes
Crystal Color Porcelanato
Tradeway Projetos e Sistemas
MCD Brasil Presentes
Sistema Elite de Ensino
Interglobal
Star Computer Informática
Resolve! Informática

Area de atuação
Comunicação
Identidade Visual
Branding
Embalagem
PDV
Publicidade e Divulgação

Posicionamento
É básico da By3: pensar o design pelo aspecto empresarial. Versatilidade, capacidade para trabalhar com budget reduzido e atingir públicos determinados. Integrar-se ao universo do cliente e encontrar pontos onde o design otimize processos e resultados.

Rua João Alfredo, 8 / 104
Tijuca
Rio de Janeiro, RJ
20511-390
by3.com.br
paulo@by3.com.br
tel 21 3185.8348
fax 21 3079.1705
pauloby3 / paulo@by3.com.br

Kuat

Kuat Bold Condensed
AaBbCcDdEeFfGgHhIiJjKkLl
MmNnOoPpQqRrSsTtUuVv
WwXxYyZz, 1234567890

Kuat Regular
AaBbCcDdEeFfGgHhIiJjKkLl
MmNnOoPpQqRrSsTtUuVv
WwXxYyZz, 1234567890

Programação visual catálogo Multiplicidade.
Cenografia do espetáculo Experimenta Rio, de Tom Zé.
Animações para o show Red Hot + Rio 2 em Nova York.
Videogame inspirado na obra de Nelson Sargento.
Programação visual Dínamo - Cia. Deborah Colker.
Nova família tipográfica Guaraná Kuat.

Associado
Leonardo Eyer

Rua Visconde de Carandaí, 28
Jardim Botânico
Rio de Janeiro, RJ
22460-020
www.caotica.com.br
atendimento@caotica.com.br
tel/fax 55 21 3204.9355

Caótica

Posicionamento

Fundada em 1996 por Leonardo Eyer, a Caótica sempre buscou desenvolver projetos gráficos conceituais, exclusivos e eficientes. Atuando especificamente na área cultural, atendemos a diversos segmentos, tais como: moda, música, teatro, cinema e dança.

Area de atuação

Design Gráfico
Design Tipográfico
Identidade Visual
Projeto Editorial
Ilustração Editorial
Animação Digital
Instalação Multimídia

Principais clientes

Cia. de Dança Deborah Colker
Coca-Cola
Red Hot Foundation
Oi Futuro - Multiplicidade
Impecável
Sony BMG
Warner Music

UBF SEGUROS

UBF GARANTIAS

gato verde

Revista e relatório anual, Greenpeace. Display e material promocional (caneca), Libbs. Marca Institucional e de produto, UBF. Logotipo, Gato Verde. Manual, Hospital Samaritano. Livro de produtos, Libbs. Material promocional (gibi), RTM.

Carol Patitucci

Associado
Carol Patitucci

Principais clientes
Greenpeace
Hospital Samaritano
Libbs
RTM
UBF Seguros

Area de atuação
Design de embalagens
Design promocional
Editorial
Identidade visual

Posicionamento
Trabalha com a capacidade de organizar cores, formas e ideias para criar peças gráficas harmônicas e sofisticadas, que espelham o engajamento na questão ambiental e refletem a sensibilidade para compreender nuances do design moderno.

Rua Alagoas, 515/32
Higienópolis
São Paulo, SP
01240-001
www.carolpatitucci.com.br
carol@carolpatitucci.com.br
tel 11 3666.6131
fax 11 3666.6131

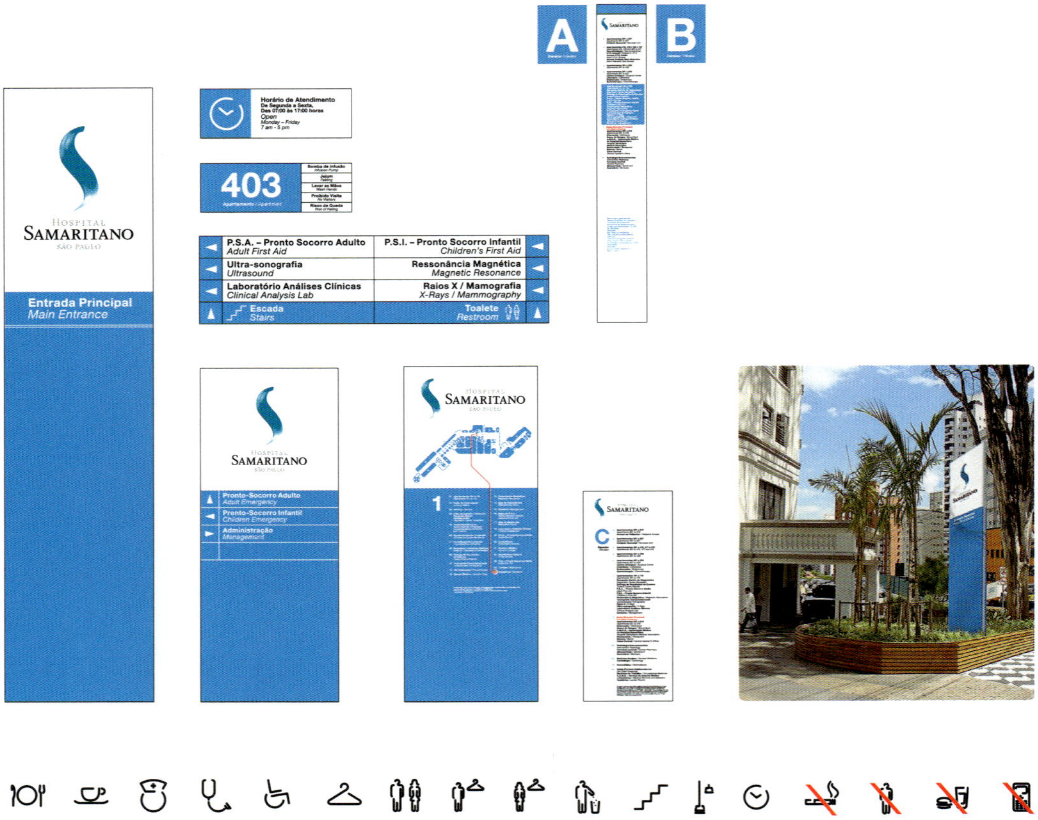

Hospital Samaritano
Projeto de Sinalização.

1. Hebraica - Redesenho de Marca e Sinalização;
2. Sar - Identidade Corporativa e Comunicação Visual;
3. Sky - Sinalização e Padronização para Lojas;
4. Gol - Design Gráfico, Frota e Marca Interna.

Associado
Edmundo França

Rua do Rócio, 199 - 3º andar
Vila Olímpia
São Paulo, SP
04552-000
tel 11 3848.9702
fax 11 3845.7501
www.casodesign.com.br
geral@casodesign.com.br

Caso Design Comunicação

Posicionamento

Design é uma ferramenta de negócios. Ele pode traduzir e ao mesmo tempo criar a imagem da sua empresa. O design constrói desejos, percepções e marcas. E são elas que seduzem o homem contemporâneo.

Area de atuação

Marcas
Identidade Corporativa
Design Gráfico
Sinalização e Ambientação
Embalagem
Mídia Digital
Publicidade

Principais clientes

Porto Seguro Seguros
Unilever
Hospital Samaritano
Hospital Santa Catarina
Ice Blocks
Gol - Linhas Aéreas
SKY

Unilever
Projeto de Ambientação e Sinalização.

1

2

3

4

1. Porto Seguro - Comunicação e Design;
2. Ice Blocks - Naming, Marca, Embalagem e PDV (Prêmio ABRE 2008 - Design Miscelânea);
3. Pura H.Br - Naming, Marca, Embalagem e PDV (Prêmio Especial Categoria Embalagem ADG 2006);
4. Citroën - Manual de aplicação da marca.

Caso Design Comunicação

Principais clientes
Porto Seguro Seguros
Unilever
Hospital Samaritano
Hospital Santa Catarina
Ice Blocks
Gol - Linhas Aéreas
SKY

Area de atuação
Marcas
Identidade Corporativa
Design Gráfico
Sinalização e Ambientação
Embalagem
Mídia Digital
Publicidade

Posicionamento
Design é uma ferramenta de negócios. Ele pode traduzir e ao mesmo tempo criar a imagem da sua empresa. O design constrói desejos, percepções e marcas. E são elas que seduzem o homem contemporâneo.

Associado
Marcilio Florindo

Rua do Rócio, 199 - 3º andar
Vila Olímpia
São Paulo, SP
04552-000
tel 11 3848.9702
fax 11 3845.7501
www.casodesign.com.br
geral@casodesign.com.br

Identidade Corporativa Diários Associados + Manual de Marca + Brinde lançamento.
Linha de embalagens para charuto.
Cardápios para Mercure Grand Hotel.
Coletor de resíduos recicláveis.
Créditos: equipe Chelles & Hayashi Design

Associado
Romy Hayashi

Chelles & Hayashi Design

Rua Áurea, 02
Vila Mariana
São Paulo, SP
04015-070
www.design.ind.br
info@design.ind.br
tel 11 5573.3470
fax 11 5573.3470

Posicionamento

A Chelles & Hayashi acredita no design como veículo de inovação e diferenciação, além de ser um dos pilares construtivos de uma marca forte. A união de técnicas de gestão da marca ao expertise da equipe permite oferecer serviços que vão da estratégia à implementação do projeto.

Area de atuação

Design Gráfico
Design de Produto
Design de Embalagem
Identidade Visual
Impressos
Material Promocial
Sinalização
Web Sites

Principais clientes

Diários Associados
Correio Braziliense
Panasonic
Enermax
Mueller Eletrodomésticos
Nipro
Tabacaria Caruso

Acima:
Brasil e Espanha - Diálogos Culturais
España y Brasil - Diálogos Culturales
Fundação Cultural Hispano Brasileira
Abaixo:
Relatório Anual iFHC
Instituto Fernando Henrique Cardoso - iFHC

Creatrix Design Gráfico

Associado
Maria Cristiana P. Millan (Kiki)

Principais clientes
Artesanato Solidário/ArteSol
Escola Vera Cruz
Fundação Hispano-Brasileira
Instituto Fernando Henrique Cardoso - iFHC
Medral Engenharia
SPTuris
Editora Panda Books

Area de atuação
Editorial
Identidade Visual
Comunicação Visual

Posicionamento
O estúdio atua desde 1999 no desenvolvimento, produção e acompanhamento de projetos editoriais, identidade visual e comunicação visual.

Rua Purpurina 131 cj 22
Vl. Madalena
São Paulo, SP
05435-040
www.creatrix.art.br
kiki@creatrix.art.br
tel 11 2533.4577
fax 11 2533.4578
MSN: kiki_millan@hotmail.com

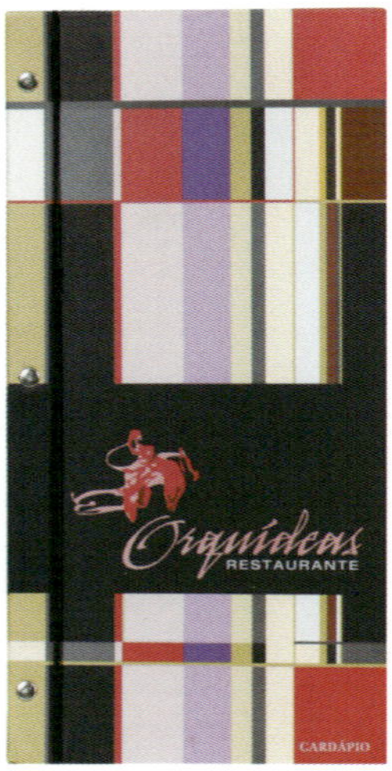

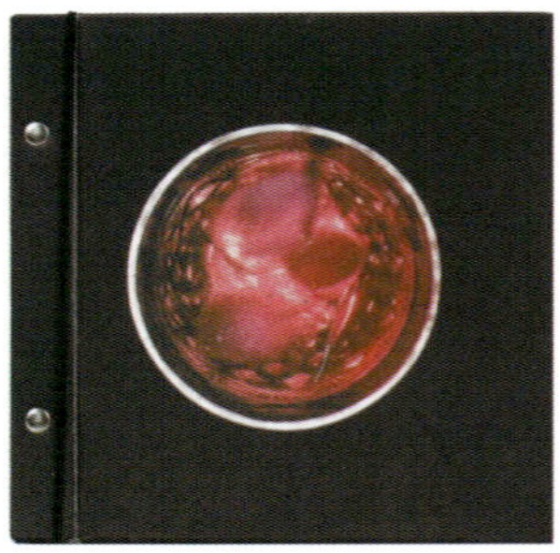

Orquídeas
RESTAURANTE

Projeto de Identidade Visual completo que inclui criação da marca, Design Ambiental e criação dos cardápios.

Associado
Denise Menezes Homsi

Avenida Fancisco Chagas
de Oliveira, 264, sala 1
São José do Rio Preto-SP
CEP 15091-330
dhomsi@uol.com.br
tel 17 3353.5079

Denise Homsi Design e Comunicação

Posicionamento
Nosso trabalho é criar não só uma marca, mas um conceito, por meio da ambientação e da sinalização. Produzindo assim um espaço único e inconfundível, que transmita esse conceito. O objetivo é que as pessoas tenham uma verdadeira experiência ao entrar em um destes espaços.

Area de atuação
Design de Embalagens
Design Editorial
Material Promocional
Design Ambiental
Sistemas de Sinalização
Identidade Corporativa

Principais clientes
TECMED Cursos
Profissionalizantes
ICEC
Prefeitura S.J. Rio Preto
CERTA Farmácia de Manipulação
Lojas World Games
Condomínio Jardim do Cedro
Clínica Corpore

Design Absoluto

Associado
Pedro Luis Carvalho

Principais clientes
Unilever Brasil, Mexico, UK
Hershey's International
Hershey's Brasil
Baudducco
Kraft Foods
Bares Astor, Pirajá, Original
Lanchonete da Cidade

Area de atuação
Peças de comunicação que gerem valor para marcas

Posicionamento
Escritório de Design Gráfico que tem como foco conhecer profundamente mercados, marcas e consumidores, para desenvolver soluções criativas que atinjam objetivos concretos.

Rua Jesuino Arruda, 676, cj. 91
Itaim Bibi, São Paulo, SP
04532-082
www.deignabsoluto.com.br
pedro@designabsoluto.com
tel 11 3071.0474

Cartaz criado que compõe a série de 20 visões de designers sobre os prós e contras da cidade de São Paulo, convidados pela Prefeitura, o Metrô e a ADG.

Associado
Helga Miethke

Av. dos Pinheiros, 63
Parque Petrópolis
Mairiporã, SP
07600-000
www.helgamiethke.com.br
designburo@uol.com.br
tel/fax 11 4485.1886

Designbüro Comunicação Gráfica

Posicionamento
Todo tipo de trabalho que requer criação artística, criativa e diferenciada. Planejamento estratégico de comunicação, raciocínio para defesa de criação, argumentação para ações de comunicação, planejamento para prospects e licitações.

Area de atuação
Relatórios
Publicações institucionais
Folders
Identidade visual
Logomarcas
Desenvolvimento de brindes
Ilustração

Principais clientes
Cia. Suzano de Papel e Celulose
Daiichi-Sankyo Brasil
Farmacêutica
Festival de Inverno de C. do Jordão
Roberto Duailibi
Pousada Pedra Grande - SC
Ouro Fértil Fibras Naturais

Designing

Associado
Nívia Barbosa

Principais clientes
BlackBerry - Oi
BlackBerry - TIM
BlackBerry - Vivo
Editora Gente
GRSA
IPHAN

Area de atuação
Design corporativo
Design editorial
Design promocional
Design para mídia eletrônica
PDV

Posicionamento
Atuamos como uma empresa de comunicação e design. Para melhor atender as necessidades dos clientes, buscamos soluções online e offline integradas.

Rua Abílio Soares, 570, cj. 11
Paraíso
São Paulo, SP
04005-002
www.designing.com.br
contato@designing.com
tel 11 3887.6946

Associado
Fabiana Ferraresi

Rua Francisco Deslandes, nº971
sala 601 - Anchieta
Belo Horizonte, MG
www.designlandia.com.br
fabiana@designlandia.com.br
paola@designlandia.com.br
tel 31 3284.0888

Designlândia

Posicionamento

Design que encanta, funciona e comunica. É isso que a gente faz. É nisso que a gente acredita. A Designlândia é o Reino do Design: Um lugar onde tudo conspira a favor do nosso trabalho. Inspiração, coerência, harmonia e resultados.

Area de atuação

Design de embalagens
Editorial
Branding
Sinalização
Web Design

Principais clientes

Ronaldo Fraga
Head Brasil
Casa Fiat de Cultura
Museu da Arte da Pampulha
Pamcary
FIEMG

A Cidade

Na voz, Wagner Moura

Entrevista com a Banda Sua Mãe

Eleições 2008 - Voto Certo

Especial Vestibular 2009 - Parte I

Uneb e Uab: graduação e pós gratuitas em 22 pólos

Esportes

Cultura

A Mesma Coisa, outra vez!

A Cidade

Agora é "Sua Mãe"

Sua Mãe entra em cena com Wagner Moura

"Então, foi uma experiência incrível tocar pela primeira vez oficialmente pra uma platéia de amigos, familiares e colegas de faculdade e profissão. Batismo de ouro."

1

2

3

4

1. Jornal A Cidade (publicação), 2. Mais Comunicação (marca), 3. Ong CEDEP - Centro de Formação Desportiva e Profissional (Selo Comemorativo de 5 ano

Dipedra Estúdio de Design

Associado
Fabio Alves Mascarenhas

Principais clientes
AASFAM
EPIC English
Jornal A Cidade
Revista Mosaico

Area de atuação
Editorial
Identidade Visual

Posicionamento
Buscando sempre aplicar técnicas para simplificar e passar a informação da maneira mais clara possível, adequada sempre ao veículo e a seu objetivo. Buscando assim traduzir idéias, mostrar e questionar através de caracteres, imagens e símbolos.

R. José A. T. Dantas, CD Estrela do Sol, C.16, Q. AB - P. do Flamengo
Salvador, BA
41603-110
www.dipedra.com.br
contato@dipedra.com.br
tel 71 4101.8390
cel 71 9102.9620
MSN: dipedra@gmail.com

Associado
Carlos Fernando Eckhardt

Rua Guedes Pereira, 80/3
Parnamirim
Recife, PE
52060-150
www.eckhardt-design.com
info@eckhardt-design.com
tel 81 3265.0686
cel 81 8884.3366

Eckhardt Design

Posicionamento
Existem 2 tipos de curiosidade: a momentânea se concentra na aparência estranha da superfície das coisas. A permanente é atraída pela vida impressionante que corre, escondida, por >trás< da superfície das coisas.

Area de atuação
Branding
Comunicação
Design Gráfico
Mídia Interativa

Principais clientes
São aqueles que, por cultura ou intuição, acreditam na aventura e no valor inestimável de se tentar fazer diferente e melhor.

eg.design

Associado
Evelyn Grumach

Principais clientes
Museu Casa do Pontal; Editoras Record, Civilização Brasileira, Nova Fronteira, Bertrand, Artmed; ABRADEE; Cultura Inglesa; Hollos Consultoria

Area de atuação
Editorial
Identidade Visual
Exposições
Impressos
Consultoria

Posicionamento
Nossa compreensão do design se revela no modo como interagimos com uma grande variação temática e uma imensa diversidade de interlocutores, projetando para todo tipo de manifestação cultural e empresarial.Evelyn Grumach e Carolina Ferman.

Av. Ataulfo de Paiva 135 sala 917
Leblon Rio de Janeiro 22440-032
www.egdesign.com.br
evelyn@egdesign.com.br
tel 21 2274.9247
fax 21 2512.1791

Identidades Visuais. 2006-2008.
Sinalização do Centro Minas Design, desenvolvida a partir do conceito "branco sobre branco". 2007.
Fotos: Rafael Motta.

Associado
Iara Aguiar Mol

Espaço 4 Comunicação e Design

Av. Antônio Carlos, 7545, sl 51 D.
Bairro São Luiz
Belo Horizonte, MG.
31270-010
www.espaco4.com.br
iara@espaco4.com.br
tel 31 3075.1948
cel 31 8751.6763

Posicionamento
O Espaço 4 é um escritório em que a liberdade de estilo e o processo de criação são ferramentas base para o desenvolvimento de trabalhos diferenciados com foco em resultados.
Criatividade + conhecimento do mercado = soluções adequadas e diferenciadas.

Area de atuação
Branding
Identidade Corporativa
Design de Embalagens
Design Ambiental
Promocional
Editorial
Design para Web

Principais clientes
Centro Minas Design
Café Kahlúa
Governo de Minas
Chevrolet Hall
Sebrae MG
Empire Industries
Marina Mello

clap clap clap clap clap | tirou onda, demais! | Gostaria de saber como adquirir CD de Paola Picherzky | ai c fofo!!!!!!!!!!! | Boa Tarde! Como faço para conseguir um exemplar do livro? | Bah Marise, pera lá. Eu era a maior fã de Turma da Monica da face da terra. Comia lendo gibi, só dormia lendo gibi, enfim. Fiquei mega feliz quando soube da versão deles crescidos... e logo depois da felicidade minha decepção. Perderam a identidade. Não gostei. Mas fica a dica, né? Beijo | eu quero! | pais de matrioshka? que gracinha! | heeeee somos ricos e famosos! | não! é uma raquel oshininha | Devo concordar... o Valdo é tudo de bom...seus textos são maravilhosos de serem lidos, pois além da riqueza no vocabulário e do excelente conteúdo, ainda possui uma pitada de humor | Que legal que vc postou sobre O mundo ficar Odara! Apareça la! Não sei se vc se lembra, mas fiz um catalogo com vc, o do Cinema segundo Glauber e Pasolini. Ate hj ouço falar deste trabalho, sabia? Beijos, te espero la | adorei o blog! Mtos bjs e felicidades | pô, muito bom! confesso que parei pra pensar nesse trecho: "...transgressor, contemporâneo, inovador, experimental, autêntico. vamos fugir, tal qual diabo da cruz. e, talvez exercitar mais: estudo, pesquisa, experimetação de linguagem..." realmente...| até que enfim!!! | Uêba! Parabéns, tá lindo! | Muita calma nessa hora! - Lindoooo! | Vix! è muita mulher junta pra dar palpite. hehehehehe | hmmm... mulheres... legal... ;) beijo meninas!!! | eta livrinho bonito, hein? :D | isidro ferrer rules!!! | vernaculou!!! | Gus! Nosso futuro editor | essa meNina vai chegar toda estilosa! teje muito bemvinda! | lamentável... sinceramente eu tenho pena dos acomodados... | eu diria que isso foi uma bela aula! | é... tartine e loja loja são a cara do estação. e, tem história, viu? | animal... e o som do lykke li também... | Noussaaaaaa ADOREI o site!!! bjo p todas | Adorei esta invenção. Genial!!! | Quero já meu link!!!! | viu? como trabalho repetitivo induz à iluminação? | Onde fica, será que me arrisco? ...ao menos "sobrancelhas" tá certo... | olha!! boa! vou sugerir na hora do café! ahahhahaha | oiii eu quero ver todas... me manda? adoro passar aqui

http://blog.estacaodesigngrafico.com.br

estação design gráfico

Principais clientes
Editoras, produtoras, agentes culturais, museus, galerias, centros culturais e organizações corporativas.

Area de atuação
Editorial
Identidade Visual
Material Promocional

Posicionamento
Fazemos design gráfico.

Associado
Marise De Chirico

Rua Cel. José Eusébio 95
casa 109, cj4, Consolação
São Paulo, SP
01239-030
www.estacaodesigngrafico.com.br
estacao@estacaodesigngrafico.com.br
tel/fax 11 3151.3187

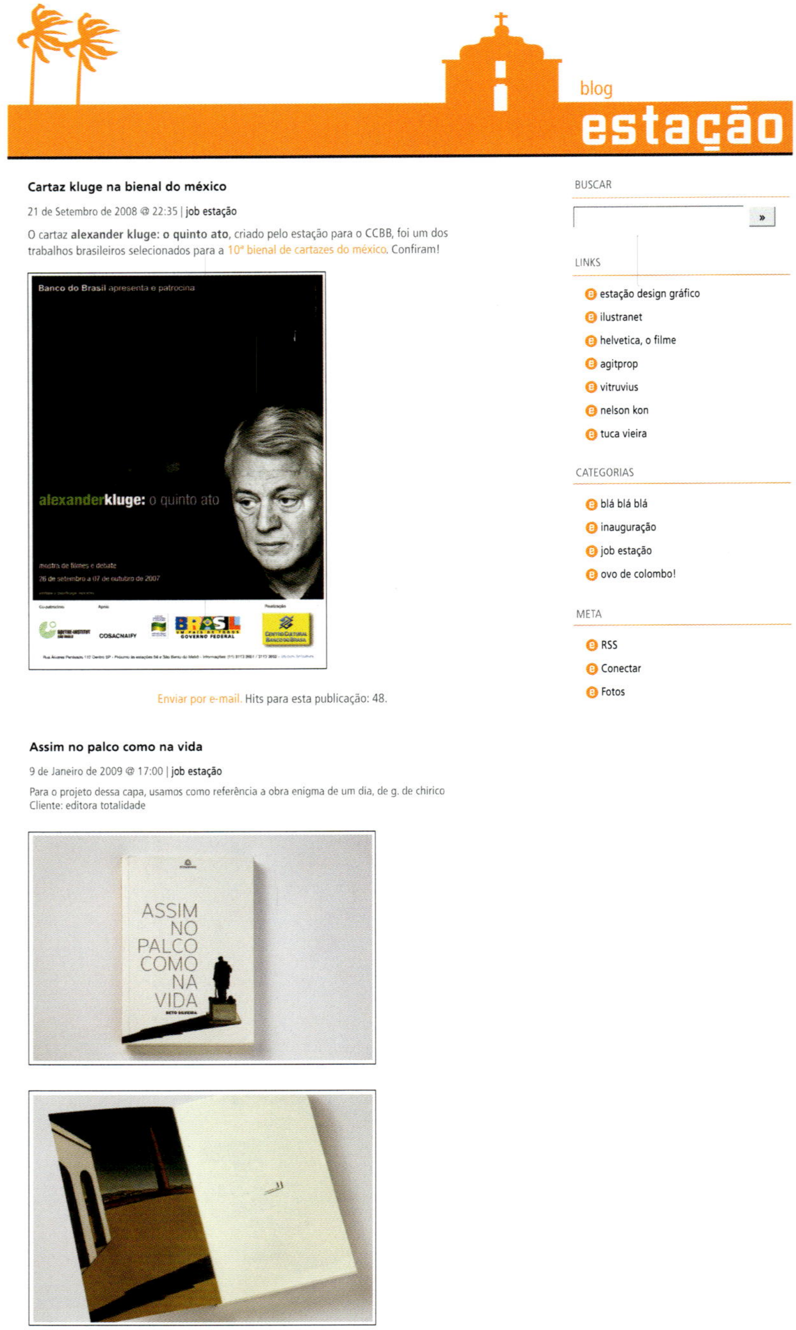

http://blog.estacaodesigngrafico.com.br

Associado
Adriana Campos

Rua Cel. José Eusébio 95 casa 109 cj4
Consolação
São Paulo, SP
01239-030
www.estacaodesigngrafico.com.br
estacao@estacaodesigngrafico.com.br
tel fax 11 3151.3187

estação design gráfico

Posicionamento
Fazemos design gráfico.

Area de atuação
Editorial
Identidade Visual
Material Promocional

Principais clientes
Editoras, produtoras, agentes culturais, museus, galerias, centros culturais e organizações corporativas.

estúdioumnovemeia 196

Sawatur / Identidade visual
Itaim Iluminação / Identidade visual
Memória do Gás / Marca e painéis
(co-autoria: DuoDesign; coordenação: Arquiprom)
EDS / Sistema de sinalização
(co-autoria: DuoDesign; coordenação: Saturno)

Estúdio 196 Design e Comunicação

Associado
Antonio Carlos Souza Brandão

R. Mauro, 416
Saúde, São Paulo, SP
04055-041
www.estudio196.com.br
design@estudio196.com.br
tel/fax 11 5585.0974

Principais clientes
ABRA - Academia Brasileira de Arte
Comgás
EDS Brasil
Fundação Bunge
Itaim Iluminação
Moinho Pacífico
USP - Universidade de São Paulo

Area de atuação
Identidade Visual
Sinalização & Ambientação
Impressos
Editorial
Webdesign & Design Digital
Embalagens

Posicionamento
Sempre ao lado do cliente, atua do planejamento inicial à implantação dos projetos. Alia criatividade, comprometimento e uma experiência de dez anos no mercado para criar uma identidade única e envolvente, geradora de grandes resultados.

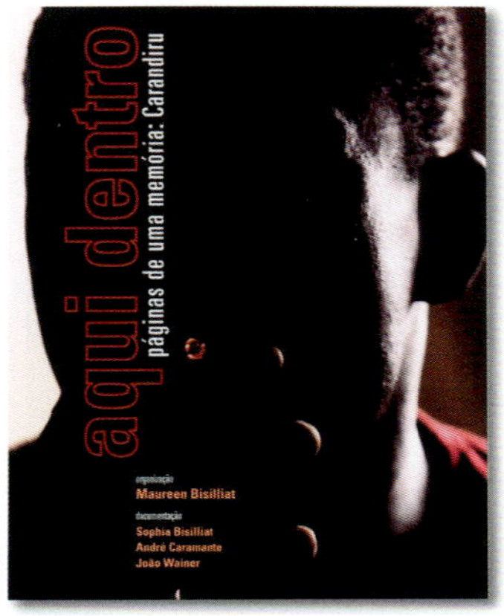

Abertura da exposição "Que chita bacana" no Sesc Belenzinho, capa de livro sobre Carandirú, organizado por Maureen Bisilliat, cartaz para Kimi Nii e postais resultantes de cortes do cartaz.

Associado
Ruth Klotzel

Estúdio Infinito

Rua Dr. Cícero de Alencar 58
Butantã
São Paulo, SP
05580-080
www.estudioinfinito.com.br
infinito@estudioinfinito.com.br
tel 11 3726.9078 / 3722.5328

Posicionamento

O design deve tornar as coisas simples e melhores: serve para facilitar e embelezar nossas vidas, e não para conferir status social a objetos e situações.
Menos aparência e mais consistência!
Novos desafios são sempre benvindos.

Area de atuação

Projeto editorial - livros, relatórios, etc
Identidade Visual global
Sinalização
Projetos para Exposições
Web
Cinema - Identidade visual, cartaz, letreiro, objetos de cena

Principais clientes

Colégio Itaca
Editora Empresa das Artes
Kimi Nii
Mattos Filho Advogados
Organização Mundial de Saúde
Sesc SP
SIBiUSP - Universidade de São Paulo

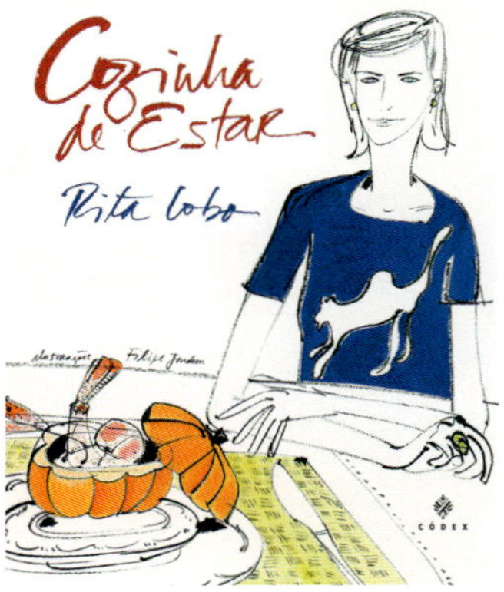

ECOLOG

Katawah
Café

DNIESTER

Livro da exposição Iran do Espírito Santo, livro da exposição Beatriz Milhazes, cartaz / folder de exposição projeto octógono, livros de culinária - Rita Lobo, logo Ecolog, logo café Katawah, logo embarcação Dniester, livro Telecomunicações - Abrafix, folder da exposição Vistas do Brasil e anúncio para Sambaeventos.

Estúdio Leticia Moura

Associado
Leticia Moura

Principais clientes
Editoras
Empresas
Museus
Agroindustrias
Ongs / Institutos

Area de atuação
Editorial
Institucional
Promocional
Identidade Visual

Posicionamento
Design e comunicação.

Av 9 de julho 5017 cj 31
Jardim Paulistano
São Paulo, SP
01407-200
www.leticiamoura.com.br
estudio@leticiamoura.com.br
tel 11 3168.4120
fax 11 3079.6323

Associado
Fabio Lopez

Rua Corcovado, 65/702
Jardim botânico
Rio de Janeiro, RJ
22460-050
www.flopez.com.br
fltypedesigner@hotmail.com

Fabio Lopez

Posicionamento
Mente quieta, espinha ereta e coração tranquilo.

Area de atuação
Tipografia
Identidade Visual
Ilustração
Moda
Editorial
Pesquisa

Principais clientes
Modo Design
Gecko Sticker
Outras Fontes
Estúdio Marimbondo
Redley

Projeto conceitual de livro.

Fábio Nitta

Associado
Fábio Tomohiro Nitta

Principais clientes
Agência Norte (Nokia e Philips)
Grupo No Limits
Via Gutenberg

Area de atuação
Identidade Visual
Editorial
Design de embalagens
Material Promocional

Posicionamento
Designer gráfico com experiência em Branding, elaboração de conceitos para marcas e produtos, ponto-de-venda, embalagens, editoração e material promocional.

Rua Hamburgo, n 81
Vila Gustavo
São Paulo, SP
02266-080
www.fnitta.com
fnitta@fnitta.com
tel 11 8593.9503
skype: f_nitta

Associado
Fabrícia Almeida Batista

Rua Cornélio Cerqueira, 14 apto 203
Padre Eustáquio
Belo Horizonte, MG
30730-530
www.fabriciabatista.com.br
fabricia.ab@gmail.com
tel 31 9997.9647

Fabrícia Batista

Posicionamento
Comunicar, encantar e emocionar. Projetar diferenciais extraídos da experimentação, da cultura, das artes e do cotidiano.

Area de atuação
Identidade Visual
Design Promocional
Design de Superfície
Editorial
Web Design

Principais clientes
Arabesco
Banco do Brasil
Bella Trufa
Núcleo Terapêutico Andes

PAPIRUS 7 MARES

Capa dos livros Paisagem vista do trem (ilustração: Karen Elis T. Cornacchia) e Teorias da cidade (ilustração: Salomeh Ferrari; foto: Rennato Testa). Logotipo do selo Papirus 7 Mares.

Fernando Cornacchia

Principais clientes
Papirus Editora

Area de atuação
Editorial
Identidade Visual

Posicionamento
O design é agente provocador da reflexão ao criar novos significados e possibilidades de leitura através da interrelação entre texto e imagem.

Associado
Fernando Cornacchia

Rua Gago Coutinho, 155/21
Jardim Chapadão
13070-077 - Campinas - SP
fernando@papirus.com.br
tel 19 3272.4500
fax 19 3272.4500
cel 19 9219.9650

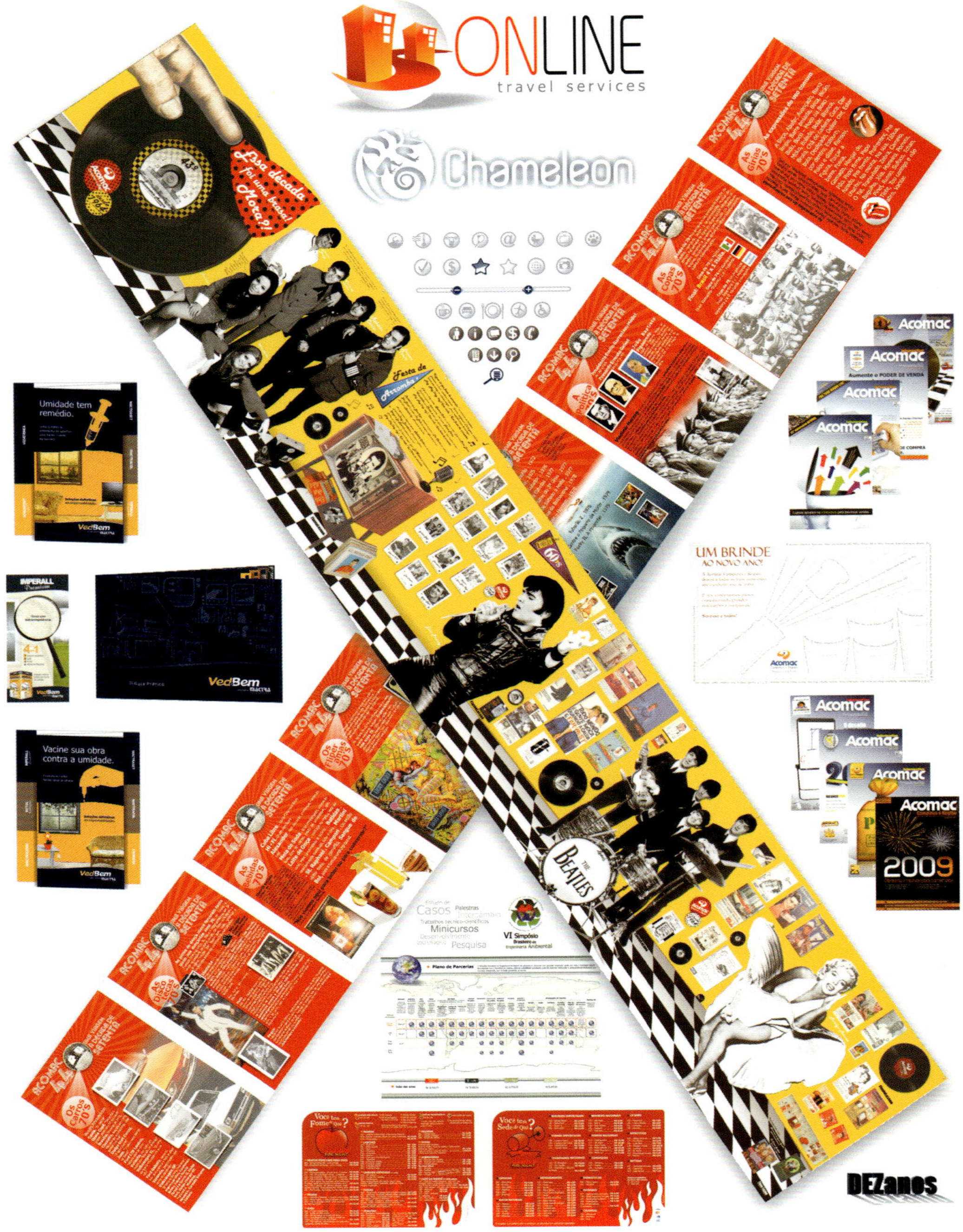

10 anos de design gráfico comemorados da melhor forma: com muito trabalho. No "X", você vê 2 projetos feitos para o cliente Acomac. O amarelo é um painel de 12 m, que traz uma pesquisa sobre os anos 60. E o vermelho são banners para a exposição "Uma viagem à década de 70". Em sentido horário: identidade corporativa e web para OnLine e Chameleon. Design editorial, publicações institucionais e web para Acomac.

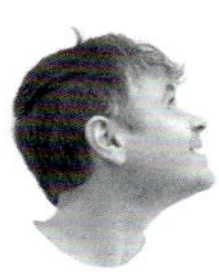

Associado
Flávio Lozano

Flávio Lozano

Rua Rebello Poletti, 103
Parque Jambeiro
Campinas|SP
cep: 13042-700
www.flaviolozano.com.br
flaviolozano@flaviolozano.com.br
tel 19 3271.2802
cel 9124.3961

Posicionamento
Um lápis, um papel em branco, um cliente precisando comunicar algo e um universo infinito de formas de linguagem para se atingir o objetivo definido. Prazeres do ofício.

Area de atuação
Identidade Corporativa
Publicações Institucionais
Design Editorial
Material Promocional
Comunicação para Eventos
Mídia Eletrônica | Web
Design de Embalagens

Principais clientes
VedBem Mactra
Online Travel Services
Chameleon | Moscardini
Acomac | Fecomac-SP
BomSenso Turismo
Construvip Juarez |
Fafethá Eventos
Divimont Montagens Industriais

Editorial *Corredor de Biodiversidade do Amapá*
Editorial *Reserva de Desenvolvimento Sustentável Cujubim* | Catálogo *Expojóias Amazônia Design*

Designers Fernanda Martins/Sâmia Batista
Débora Nascimento

Estagiária Fernanda Belich/Victor Eguchi

Forminform | Mapinguari Design

Associado
Sâmia Batista

Principais clientes

Sebrae-PA
Instituto Peabiru
Fundação Romulo Maiorana
Governo do Estado do Pará
Conservação Internacional

Area de atuação

Identidade visual
Design estratégico
Sinalização
Design editorial
Design sustentável
Tipografia Institucional

Posicionamento

Foco em Identidade Corporativa baseada nos conceitos de Design Total e Sustentável. Com mais de 20 anos de experiência une profissionalismo e inovação nos projetos em que atua.

Trav. Rui Barbosa 555
Reduto
Belém, PA
66053-260
www.mapinguari.com.br
samia@mapinguaridesign.com.br
tel 91 3230.7231
MSN: samiabatista@hotmail.com

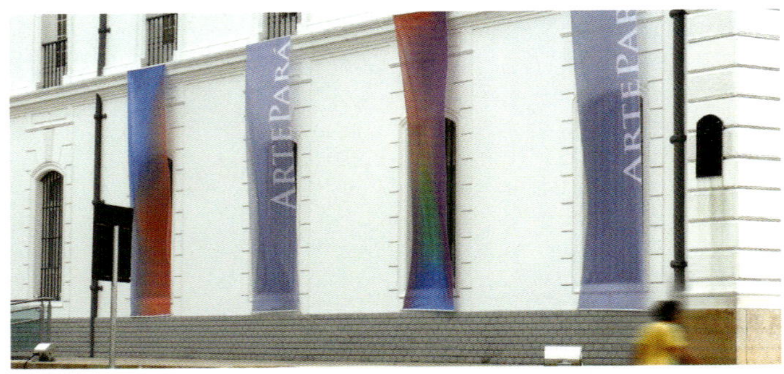

Sistema de identidade visual e sinalização para *Parque Zoobotânico Macapaba* - Macapá/Amapá
Sistema de identidade visual e sinalização para salão de arte *Arte Pará 2008* - Belém/Pará
Designers Fernanda Martins e Sâmia Batista
Designer Junior Joercio Barbalho Junior
Estagiário Victor Eguchi

Associado
Joercio Barbalho Jr

Trav. Rui Barbosa 555
Reduto
Belém, PA
66053-260
www.mapinguari.com.br
joercio@mapinguaridesign.com.br
tel 91 3230.7231
MSN: joercio@hotmail.com

Forminform | Mapinguari Design

Posicionamento

Foco em Identidade Corporativa baseada nos conceitos de Design Total e Sustentável. Com mais de 20 anos de experiência une profissionalismo e inovação nos projetos em que atua.

Area de atuação

Identidade visual
Design estratégico
Sinalização
Design editorial
Design sustentável
Tipografia Institucional

Principais clientes

Sebrae-PA
Instituto Peabiru
Fundação Romulo Maiorana
Governo do Estado do Pará
Conservação Internacional

CASA DA VIRADA

Gemas da Amazônia

Sistema de identidade visual para o projeto *Casa da Virada* - Instituto Peabiru - Belém/Pará
Sistema de identidade visual para o projeto *Gemas da Amazônia* - Acoalfa - Araguaia/Pará
Designers Fernanda Martins/Sâmia Batista
Estagiária Fernanda Belich/Joercio Barbalho Jr

Forminform | Mapinguari Design

Principais clientes
Sebrae-PA
Instituto Peabiru
Fundação Romulo Maiorana
Governo do Estado do Pará
Conservação Internacional

Area de atuação
Identidade visual
Design estratégico
Sinalização
Design editorial
Design sustentável
Tipografia Institucional

Posicionamento
Foco em Identidade Corporativa baseada nos conceitos de Design Total e Sustentável. Com mais de 20 anos de experiência une profissionalismo e inovação nos projetos em que atua.

Associado
Fernanda Martins
Trav. Rui Barbosa 555
Reduto
Belém, PA
66053-260
www.mapinguari.com.br
fernanda@mapinguaridesign.com.br
tel 91 3230.7231
skype: fernandaforminform

Esquema de Pintura Expresso SÃO FRANCISCO.
Esquemas de pintura e adesivos para a STARFLIGHT, ALPHABRAVO e FLYER.

Associado
Rogério Foster Vidal

Rua Domingos Ferreira, 168 Aptº. 702
Copacabana
Rio de Janeiro, RJ. Brasil
22050-010
www.fosterdesigner.com.br
ou só .com
tel 21 2256.3673
fax 21 2256.3673
cel 21 8817.7788
Skype: FOSTER DESIGNER

Foster Designer

Posicionamento

Designer gráfico e industrial.
Autônomo, especializado em transportes e aviação.
Atua em todas as áreas do design gráfico, promocional e midias.
Atendimento Brasil e exterior. Via on-line e visitas agendadas.

Area de atuação

Design gráfico em geral.
Esquemas de pintura e vinil.
Identidade visual,impressos manuais, folders,impressos e etc.
Marcas, logotipos e ilustrações.
Sinalização, banners, displays e etc.
Webmedia design.

Principais clientes

Alphabravo
Airmax, Aeronave Seamax.
Starflight.
Flyer Industria Aeronáutica.
Expresso São Francisco.
Aviação civil e militar, empresas de transportes rodo e ferroviário, barcos,lanchas e navios.

FutureBrand BC&H

Associado
Hélio Mariz de Carvalho

Principais clientes
AstraZeneca
Comgás
Itaú
Medley
Nestlé
Pão de Açúcar
Whirlpool

Area de atuação
Estratégia de marca
Inovação
Identidade visual
Identidade verbal
Identidade ambiental
Identidade digital
Living the brand

Posicionamento
A FutureBrand é uma consultoria de branding presente em 19 países. Operando há 6 anos no Brasil, alia a metodologia de uma multinacional ao conhecimento de nosso mercado. Preparamos marcas para novos desafios em um trabalho que envolve criação, inovação e gestão de marca.

Rua Bahia 1126
São Paulo, SP
Brasil
01244-000
www.FutureBrand.com
tel 11 3821.1166
fax 11 3821.1198

Associado
Cesar Hirata

Rua Bahia 1126
São Paulo, SP
Brasil
01244-000
www.FutureBrand.com
tel 11 3821.1166
fax 11 3821.1198

FutureBrand BC&H

Posicionamento

A FutureBrand é uma consultoria de branding presente em 19 países. Operando há 6 anos no Brasil, alia a metodologia de uma multinacional ao conhecimento de nosso mercado. Preparamos marcas para novos desafios em um trabalho que envolve criação, inovação e gestão de marca.

Area de atuação

Estratégia de marca
Inovação
Identidade visual
Identidade verbal
Identidade ambiental
Identidade digital
Living the brand

Principais clientes

AstraZeneca
Comgás
Itaú
Medley
Nestlé
Pão de Açúcar
Whirlpool

FutureBrand BC&H

Associado
Ewerton Mokarzel

Principais clientes
AstraZeneca
Comgás
Itaú
Medley
Nestlé
Pão de Açúcar
Whirlpool

Area de atuação
Estratégia de marca
Inovação
Identidade visual
Identidade verbal
Identidade ambiental
Identidade digital
Living the brand

Posicionamento
A FutureBrand é uma consultoria de branding presente em 19 países. Operando há 6 anos no Brasil, alia a metodologia de uma multinacional ao conhecimento de nosso mercado. Preparamos marcas para novos desafios em um trabalho que envolve criação, inovação e gestão de marca.

Rua Bahia 1126
São Paulo, SP
Brasil
01244-000
www.FutureBrand.com
tel 11 3821.1166
fax 11 3821.1198

Ilustração digital produzida originalmente para o projeto A Imagem do Som

Associado
Axel Hermann Sande

Gabinete de Artes

Rua Marquês de São Vicente, 35/101 - Gávea
Rio de Janeiro, RJ
22451-041
www.gabinetedeartes.com.br
axel@gabinetedeartes.com.br
tel 21 2259.2316
fax 21 2259.2316
skype: axelsande

Posicionamento
Somos um escritório de design especializado em projetos de comunicação. Axel Sande e Carmen Torras são os designers responsáveis pelas áreas de criação e administração de projetos.

Area de atuação
Design de Comunicação
Design Editorial
Encadernação Artesanal
Identidade Visual
Ilustração Digital
Motion Graphics

Principais clientes
Agência 3
Comitê Olímpico Brasileiro
Editora Record
Eletronuclear
EMI Music
Petrobras
Reader's Digest

design

01.

connect360

engg

FILMES · BRAND · ENTERTAINMENT

AmeliA
DESIGN
TAROZZO

G'zzo
GALEAZZO DESIGN

PAULAGALBI
PAISAGISMO

Arca da Tucca

02.

03.

04.

01. Logo Gautio + clientes
02. Design editoral Revista C&M
03. Design editorial Groupe Seb | Encarte
04. Design editorial Groupe Seb | Livro

Gautio designgrafico

Associado
Daniele Santos

Principais clientes
Editorial Magazine | Revista C&M
EGS | Ericsson Gestão e Serviços
Fabio Galeazzo | Arquitetura
Groupe Seb | Arno
Sobral Comunicação
Tucca | Ambulatório S. Marcelina
PMKA Advogados

Area de atuação
Marcas
Identidade Visual
Design Editorial
Design Digital
Sites
Projetos Especiais
Sinalização corporativa

Posicionamento
Gautio designgrafico, mais que design – a identidade visual elaborada para traduzir seu conceito e preservar sua história em busca de um design moderno e funcional. Mais que design – expressar sua marca. Mais que design - criar o novo.

Rua Fidalga, 515 / 05
Vila Madalena
São Paulo, SP
05432-070
www.gautio.com.br
gautio@ gautio.com.br
tel 11 3031.4503
fax 11 3031.4503
skype: dannigautio

GYPSY DREAM. A vibração calorosa do povo e da cultura cigana numa visão contemporânea e lúdica. Em harmonia de tons e cores.

Associado
Giovanna Stewers

Rua República Argentina, 307/131
Ponta Aguda
Blumenau/SC
89050-100
www.giovannastewers.com.br
contato@giovannastewers.com.br
tel 47 3035.1020
cel 47 9982.5222
MSN: giovanna0408@hotmail.com

Giovanna Stewers designer

Posicionamento

Sempre buscando inovar e combinar elementos básicos com a modernidade dos dias atuais, porém, primando plena harmonia das formas e cores com meu modo de pensar e interagir com o meio, sem me prender a rótulos nem fronteiras entre o design e a arte.

Area de atuação

Design Gráfico
Design de Embalagens
Design de Superfície
Editorial
Identidade Visual
Produção Artística Fotográfica

Principais clientes

LG Couros
Renner
Elastan
Jogwear
Lilli Sarti
Eurofios

Gogo

Associado
Fabiana Zanin

Principais clientes
Lita Mortari
Erre
Sandra Silveira
Gloria Coelho
Studio Gloria

Area de atuação
Design de embalagens
Editorial
Identidade Visual

Posicionamento
A GOGO atua no desenvolvimento de campanhas e estratégias comerciais, cria conceitos, reposicionamento de marcas, campanhas de publicidade, identidade corporativa e projetos de produtos e embalagens.

Rua da Consolação 2947
Cerqueira César
São Paulo SP
01416-001
www.gogo.art.br
fzanin@ gogo.art.br
tel 11 2628.4507

Greco Design
Foto: Jomar Bragança

Associado
Gustavo Greco

Greco Design

Rua Rio Verde, 150
Sion
Belo Horizonte, MG
30310-750
www.grecodesign.com.br
gustavo@grecodesign.com.br
tel 31 3287.5835

No sentido horário: livro Maria do Matué, houseorgan Planeta Coca-Cola, papelaria Inhotim Centro de Arte Contemporânea, Colônias Colour You Água de Cheiro, kit de captação para o filme Acidente, poster para FID Território Minas.

Hardy'Voltz

Associado
Mariana Hardy

Principais clientes
Agua de Cheiro
Inhotim
Missbella
On
Petrobras
Santa Rosa Bureau Cultural
Sec. de Estado de Cultura/MG

Area de atuação
Design de Embalagens
Editorial
Expografia
Identidade Visual
Mídias Interativas
Sinalização
Webdesign

Posicionamento
Design, mídias interativas e arquitetura, integrados em um estúdio único, capaz de oferecer uma abrangente gama de soluções multidisciplinares, a partir de um Conselho Criativo.

Rua Raul Pompéia, 225
Bairro São Pedro
Belo Horizonte, MG
31330-080
www.hardydesign.com.br
mariana@hardydesign.com.br
tel 31 3194.3095
fax 31 3194.3095

No sentido horário: livros Favela é Isso Aí, catálogo Missbella Inverno 09, identidade visual 4º Fórum Petrobras de Soluções de Comunicação, embalagens Solarius, livros Patrimônio Arquivístico-Musical Mineiro, loja itinerante a>mostra

Associado
Alessandra Maria Soares

Rua Raul Pompéia, 225
Bairro São Pedro
Belo Horizonte, MG
31330-080
www.voltz.com.br
alessandra@voltz.com.br
tel 31 3194.3095
fax 31 3194.3095

Hardy'Voltz

Posicionamento
Design, mídias interativas e arquitetura, integrados em um estúdio único, capaz de oferecer uma abrangente gama de soluções multidisciplinares, a partir de um Conselho Criativo.

Area de atuação
Design de Embalagens
Editorial
Expografia
Identidade Visual
Mídias Interativas
Sinalização
Webdesign

Principais clientes
Agua de Cheiro
Inhotim
Missbella
On
Petrobras
Santa Rosa Bureau Cultural
Sec. de Estado de Cultura/MG

No sentido horário: identidade para Indie 2008 - Mostra de Cinema Mundial, website para o filme Feliz Natal, vídeo design MOV_03, instalação audiovisual Æurasia, instalação interativa no projeto Simbio.

Hardy'Voltz

Associado
Cláudio Santos

Principais clientes
Agua de Cheiro
Inhotim
Missbella
On
Petrobras
Santa Rosa Bureau Cultural
Sec. de Estado de Cultura/MG

Area de atuação
Design de Embalagens
Editorial
Expografia
Identidade Visual
Mídias Interativas
Sinalização
Webdesign

Posicionamento
Design, mídias interativas e arquitetura, integrados em um estúdio único, capaz de oferecer uma abrangente gama de soluções multidisciplinares, a partir de um Conselho Criativo.

Rua Raul Pompéia, 225
Bairro São Pedro
Belo Horizonte, MG
31330-080
www.voltz.com.br
claudio@voltz.com.br
tel 31 3194.3095
fax 31 3194.3095

Coleção ARQUITETURA & DESIGN da Editora Viana & Mosley

Associado
Isabella Perrota

Hybris Design

Rua Voluntários da Pátria, 190/1011
Botafogo
Rio de Janeiro, RJ
22270-010
www.hybris.com.br
hybris@rio.com.br
tel 21 2539.2031
fax 21 2535.4246

Posicionamento
A Hybris Design é um escritório pequeno e de muita personalidade. Voltado, basicamente, para o segmento de produção cultural.

Area de atuação
Editorial
Produtos Culturais
Identidade Visual
Exposições

Principais clientes
Editora José Olympio
Editora Viana & Mosley
Fundação Getulio Vargas
Resch Recursos Humanos
Sala Cecília Meireles
Theatro Municipal do Rio de Janeiro
Vigilante do Peso

1

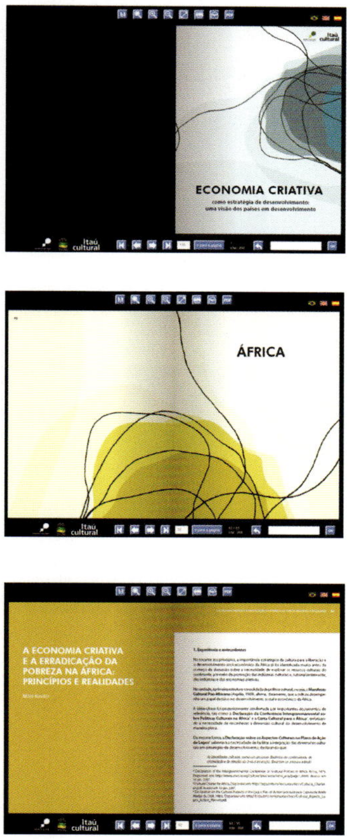

2

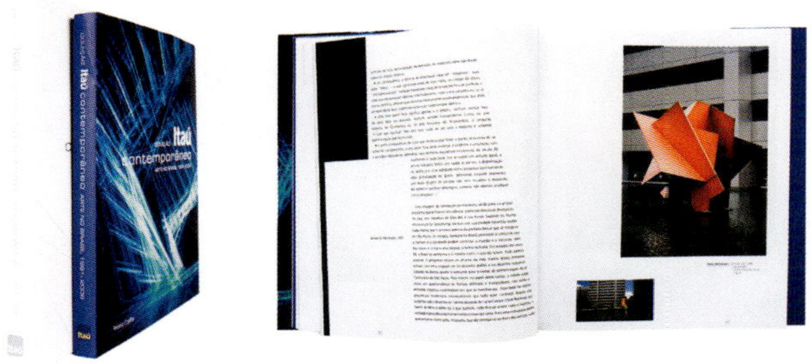

3

4

1 designer - Jader Rosa
2 designer - Liane Iwahashi
3 designer - Yoshiharu Arakaki
4 designer - Helga Vaz

Instituto Itaú Cultural

Associado
Eduardo Saron Nunes

Principais clientes

Area de atuação
Arte e cultura

Posicionamento
Desenvolver e organizar processos gerar conhecimento sobre as artes brasileiras; compreender as práticas culturais e, com base nelas, ampliar o acesso à cultura; e promover a participação social.

Av. Paulista 149.
Cerqueira Cesar
São Paulo SP
01311-000
www.itaucultural.org.br
instituto@itaucultural.org.br
tel 11 2168.1777
fax 11 2168.1775

Associado
Beto Guimarães de Almeida

Av. Presidente Juscelino Kubitschek, 1726 - 18º andar
São Paulo SP
04543-000
www.interbrand.com
beto.almeida@interbrand.com
tel 11 3707.8500
fax 11 3707.8501

Interbrand

Posicionamento
Nosso trabalho é criar e gerenciar marcas capazes de mudar o mundo. Para isso, somos 1400 profissionais em cerca de 40 escritórios espalhados pelos 5 continentes, e unimos rigor analítico com muita criatividade para sermos a maior consultoria de marcas do mundo.

Area de atuação
Estratégia de Marca
Identidade Corporativa
Naming
Sistema de Nomenclatura
Embalagens 3D e Rotulagem
Desenho Ambiental
Avaliação Financeira de Marca

Principais clientes
Grupo Votorantim
Itaú Unibanco
Hypermarcas
AbInBev
Brasfrigo
Sadia
Usiminas

Karuana Identidade de Marcas

Principais clientes
Maramar
Windows Convention e Hotel
Liac Laboratórios
Escola Ana Neri
Hotel Abbeville
Centro de Ensino Upaon-Açu

Area de atuação
Naming
Plataforma de Marcas
Identidade de Marcas
Design de Embalagens
Identidade Visual

Posicionamento
Conhecer pessoas para construir e fortalecer conceitos de marca: uso de referências culturais na elaboração de identidade de marca, a partir de pesquisa etnográfica. Trabalho interdisciplinar: Antropologia, Design (branding), Comunicação e Marketing.

Associado
Delano Rodrigues

Av. Colares Moreira 10/1103
Renascença
São Luís, MA
65075-441
www.karuana.com.br
karuana@karuana.com.br
tel 98 3268.2622

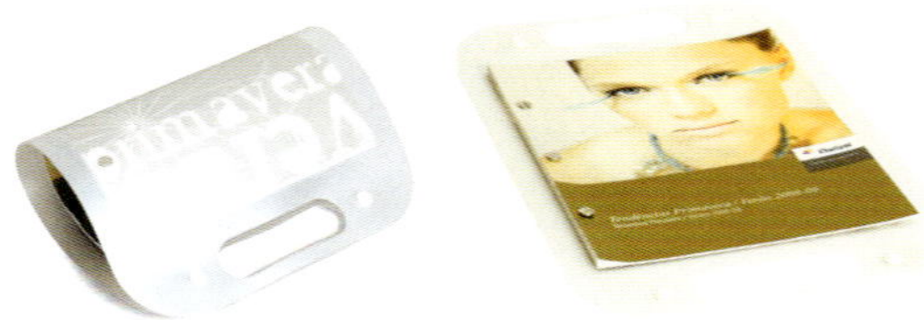

Luna Bianca . Identidade de marca, papelaria e site
Clariant . Book de tendências 2008/2009
Canal Funarte . Identidade de marca e site
Hotel Vista da Mata . Identidade de marca e site

Associado
Lilian Shyemin Ie

R Teodoro Sampaio, 1020 . cj 1010
Pinheiros
São Paulo, SP
05406-050
www.leelaestudio.com.br
lilian@leelaestudio.com.br
tel 11 3013.3292
tel 11 2667.2463

Leela Estúdio

Posicionamento
Construir e transformar marcas para que elas comuniquem sua essência através da experiência e relacionamento com seu consumidor. Agregar valores culturais e econômicos através da utilização de ferramentas estratégicas e criativas.

Area de atuação
Identidade de marca
Editorial
Digital
Promocional
Sinalização

Principais clientes
Anima Educação
Berlitz
Canal Funarte
Clariant
Hotel Vista da Mata
Joule Asset Management
Luna Bianca

Linea Projetos Gráficos

Associado
Andréa Mitre El Banat

Rua Dr. Carlos Guimarães 408
Cambuí Campinas SP
13024-200
www.lineaprojetos.com.br
andrea@lineaprojetos.com.br
tel 19 3294.4936

Principais clientes
Unica Móveis e Objetos
Art Vege Cosméticos
Campinas Shopping Móveis
Home Hunters Imobiliária
Flora Janari
Cooperflora Holambra
Hobeika Arquitetura

Area de atuação
Embalagem
Editorial
Identidade Visual
Site
Sinalização
Material Promocional
Arquitetura Comercial

Posicionamento
Nosso objetivo: conceituar e planejar marcas, de maneira clara e organizada.
Buscamos soluções únicas, aliando estética e funcionalidade.
Nosso compromisso: posicionar e destacar, nossos clientes no mercado.

Flexiv | Identidade de marca
Dicionário Aurélio | Design Editorial
HSBC Global Technology | Web design

Associado
Guido Lautert Dezordi

Lumen Design
Rua Domingos Nascimento, 521
Bom Retiro
Curitiba, PR
80520-200
www.lumendesign.com.br
guido@lumendesign.com.br
tel/fax 41 3338.9006

Lumen Design

Posicionamento

A construção de marcas fortes é nosso objetivo maior, assessorando cada cliente na gestão de sua imagem ou destacando em cada projeto os valores que tornem sua marca cada vez mais coerente aos olhos de seu público.

Area de atuação

Identidade visual
Design de produto
Embalagem
Web Design
Editorial
Promocional
Exposições

Principais clientes

Avon
Flexiv
Grupo Positivo
Inst. Pesq. Pelé Pequeno Príncipe
Nazca
O Boticário
Vicolo Nostro

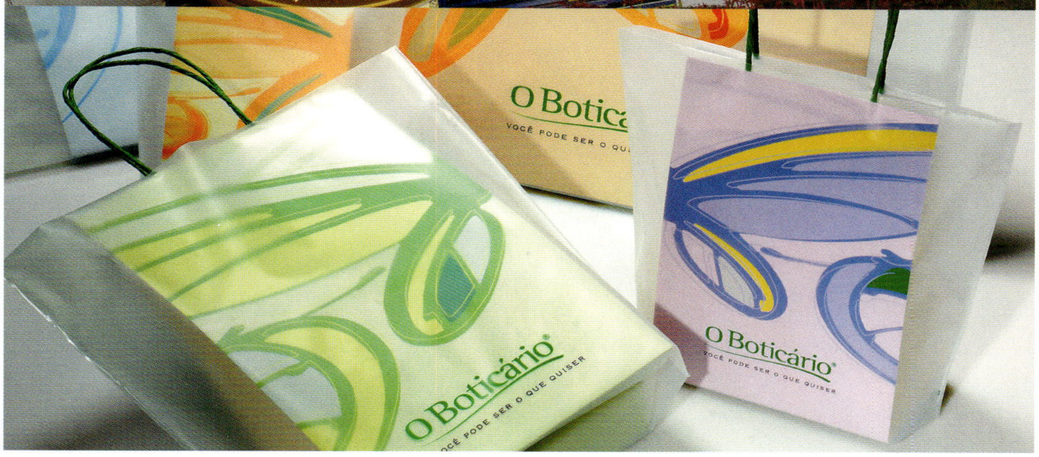

CD Baxô Glauco Sölter | Embalagem
Instituto de Pesquisa Pelé Pequeno Príncipe / Gols Pela Vida | Identidade de marca
O Boticário | Embalagem

Lumen Design

Associado
Karine Mitsue Kawamura

Principais clientes
Avon
Flexiv
Grupo Positivo
Inst. Pesq. Pelé Pequeno Príncipe
Nazca
O Boticário
Vicolo Nostro

Area de atuação
Identidade visual
Design de produto
Embalagem
Web Design
Editorial
Promocional
Exposições

Posicionamento
A construção de marcas fortes é nosso objetivo maior, assessorando cada cliente na gestão de sua imagem ou destacando em cada projeto os valores que tornem sua marca cada vez mais coerente aos olhos de seu público.

Rua Domingos Nascimento, 521
Bom Retiro
Curitiba, PR
80520-200
www.lumendesign.com.br
karine@lumendesign.com.br
tel/fax 41 3338.9006

Nativa SPA O Boticário | Design de Embalagens
Frans Krajcberg | Design Editorial
Silvia Doring | Identidade de marca

Associado
Silvio Silva Júnior

Rua Domingos Nascimento, 521
Bom Retiro
Curitiba, PR
80520-200
www.lumendesign.com.br
guido@lumendesign.com.br
tel/fax 41 3338.9006

Lumen Design

Posicionamento

A construção de marcas fortes é nosso objetivo maior, assessorando cada cliente na gestão de sua imagem ou destacando em cada projeto os valores que tornem sua marca cada vez mais coerente aos olhos de seu público.

Area de atuação

Identidade visual
Design de produto
Embalagem
Web Design
Editorial
Promocional
Exposições

Principais clientes

Avon
Flexiv
Grupo Positivo
Inst. Pesq. Pelé Pequeno Príncipe
Nazca
O Boticário
Vicolo Nostro

Ilustração produzida para catálogo da Exposição Hyper Apple dos artistas Rejane Cantoni e José Wagner Garcia realizada no Paço das Artes – USP.
Cliente: Petrobrás.

Lu Orvat Design

Associado
Luciana Saez Orvat

Principais clientes
Petrobrás
TV Cultura
Universidade de São Paulo
SESC São Paulo
Kinoosfera Filmes

Area de atuação
Identidade Visual
Design Ambiental
Publicações Institucionais
Material Promocional
Mídia Eletrônica

Posicionamento
Acreditamos no design como identificação. Assim, buscamos diversificar as linguagens empregadas para um processo mais efetivo. Muito além da comunicação visual, visamos a experiência.

Av. Dr. Cardoso de Melo, 1100,
casa 01, Vila Olímpia, São Paulo, SP
CEP 04548-004
www.luorvat.com.br
tel 11 3554.6866
cel 11 9381.5866
luorvat.blogspot.com

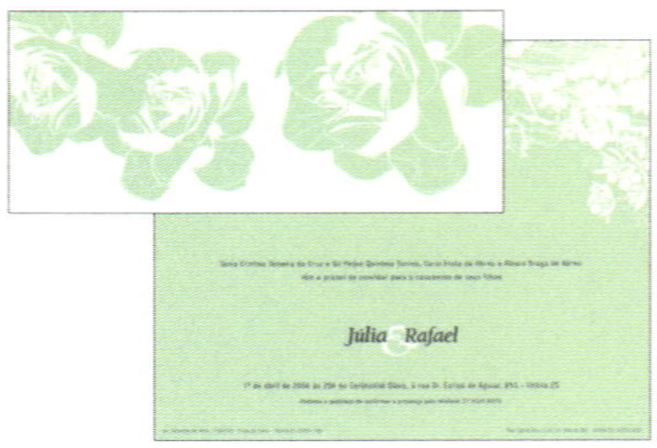

mandacaru

Exposição 'Pierre Mendell Cartazes': Caixa Cultural São Paulo, Brasília e Rio de Janeiro (produção, expografia e peças gráficas). Convite de casamento de Júlia e Rafael Abreu. Convite de formatura Oceanografia UFES 2008. Exposição 'Se esta rua fosse minha...' Museu da Casa Brasileira (produção e peças gráficas).

Associado
Bebel Abreu

Rua Lisboa 488/112
Pinheiros
São Paulo - SP
05413-000
www.mandacarudesign.com.br
mandacarudesign@gmail.com
tel 11 3062.4634
MSN: bel_abreu@hotmail.com

Mandacaru Design

Posicionamento
Além de criar peças gráficas para os clientes, a Mandacaru Design desenvolve seus próprios projetos. Para realizar suas iniciativas, como a exposição internacional Pierre Mendell Cartazes, conta sempre com instituições respeitadas e parceiros criativos e engajados.

Area de atuação
Design e produção de exposições
Editorial
Identidade Visual

Principais clientes
Caixa Cultural
Museu da Casa Brasileira

Capa de livro Companhia das Letras

Máquina Estúdio

Associado
Mateus Valadares

Principais clientes
Chias Marketing
Companhia das Letras
FAAP
Instituto Moreira Salles
Museu Lasar Segall
Pão de Açúcar
Unicamp

Area de atuação
Editorial
Identidade Visual
Ambiental
Internet
Ilustração

Posicionamento
A principal característica deste estúdio é a capacidade de olhar de maneira criativa para os projetos em que atua, aliada a um senso de praticidade e desempenho, originados da experiência de Kiko Farkas e da curiosidade de sua equipe.

Rua Cônego Eugênio Leite 920
Pinheiros
São Paulo, SP
05414-001
www.kikofarkas.com.br
tel 11 3088.4228
cel 11 8329.7772

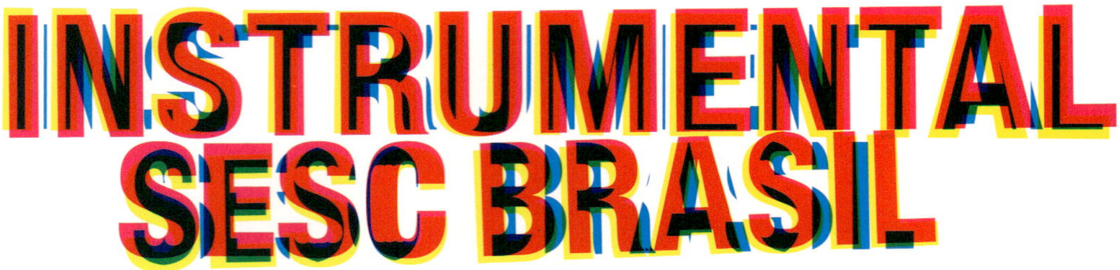

Identidade visual Instrumental SESC Brasil
Latas promocionais Pão de Açúcar
Revista digital Adobe Magazine

Associado
Kiko Farkas

Rua Cônego Eugênio Leite 920
Pinheiros
São Paulo, SP
05414-001
www.kikofarkas.com.br
estudio@kikofarkas.com.br
tel 11 3088.4228

Máquina Estúdio

Posicionamento
A principal característica deste estúdio é a capacidade de olhar de maneira criativa para os projetos em que atua, aliada a um senso de praticidade e desempenho, originados da experiência de Kiko Farkas e da curiosidade de sua equipe.

Area de atuação
Editorial
Identidade Visual
Ambiental
Internet
Ilustração

Principais clientes
Chias Marketing
Companhia das Letras
FAAP
Instituto Moreira Salles
Museu Lasar Segall
Pão de Açúcar
Unicamp

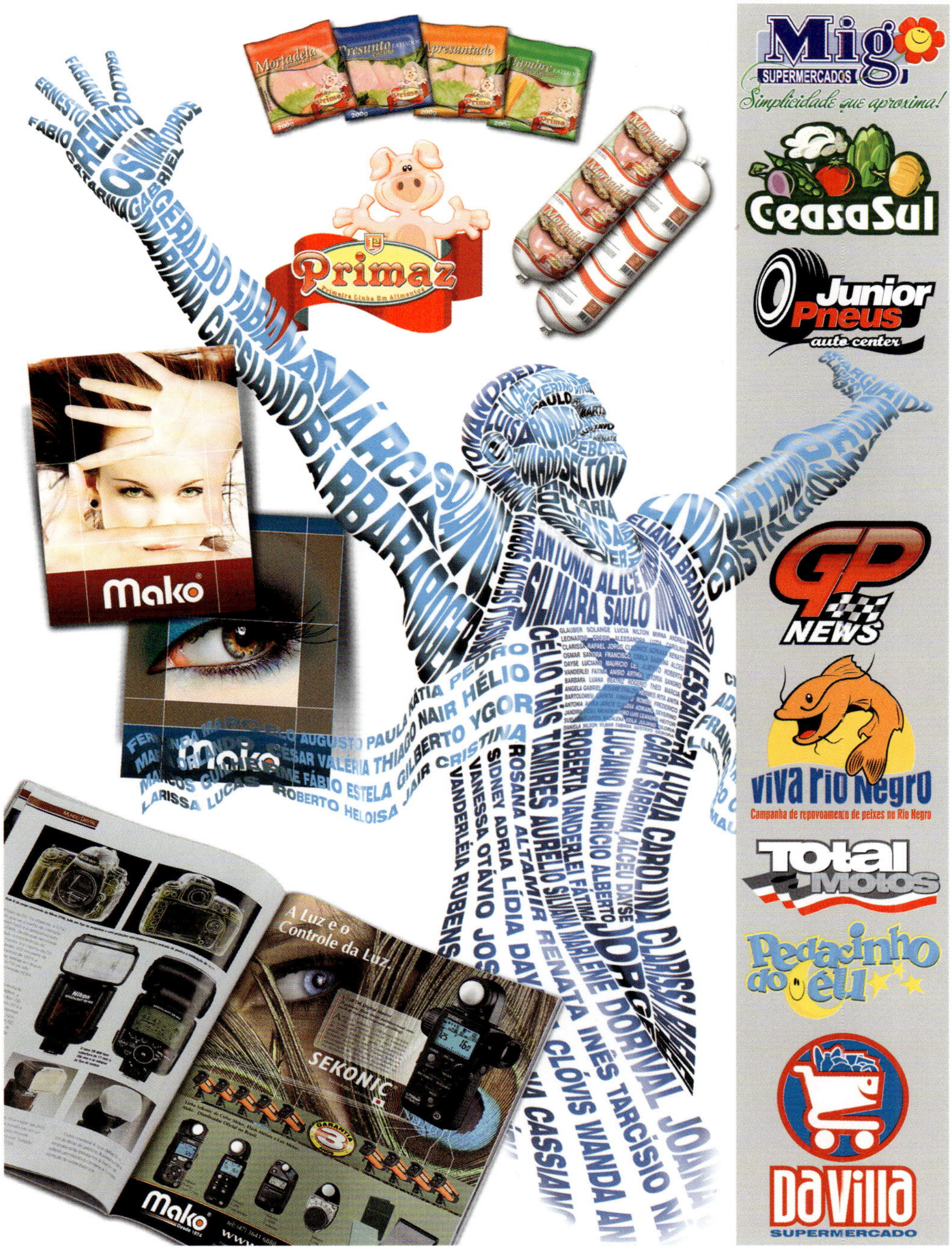

Marcelo Calado Graphic Studio

Associado
Marcelo Calado

Principais clientes
Grupo Mig Supermercados
Frigoríficos Primaz
Editora Optima
Editora Moderna
Concessionários Yamaha
Caixa Econômica Federal
Mako Professional Light

Area de atuação
Design Editorial
Design de Marcas
Design de Rótulos e embalagens

Posicionamento
Empresa há 18 anos no segmento de Graphic Design com atuação em mídia impressa, catálogos de varejo, marcas e ilustração.

Rua Rubens Carlos de Assumpção
Nº 61 - Jardim Social
82530-080 Curitiba-PR
www.marcelocalado.com.br
contato@marcelocalado.com.br
tel 41 2112.3129
cel 47 9976.6601
fax 41 3262.6877

Catálogo Toulon – Dia dos Pais 2008

Associado
Marcelo Martinez

Rua Capistrano de Abreu 44 / 101
Humaitá 22271-000
Rio de Janeiro RJ
www.laboratoriosecreto.com
contato@laboratoriosecreto.com
tel 21 2539.3146

Marcelo Martinez | Laboratório Secreto

Posicionamento
Estúdio de design gráfico e ilustração, especializado em projetos para os mercados cultural, editorial e publicitário.

Area de atuação
Editorial
Eventos
Identidade Visual
Corporativo

Principais clientes
Editoras Agir, Ediouro, Record, Nova Fronteira, Desiderata, Casa da Palavra, Sextante, Rocco, Best Seller

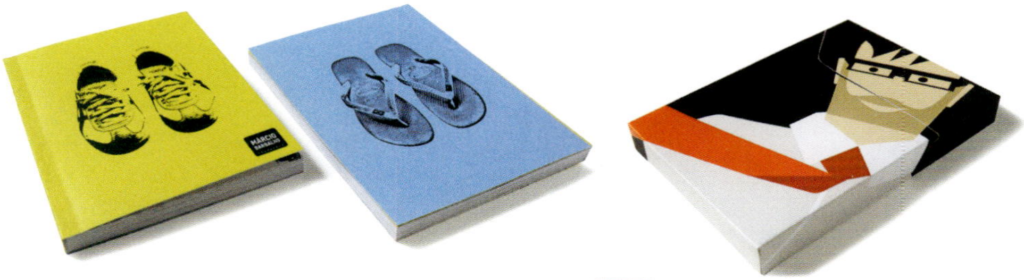

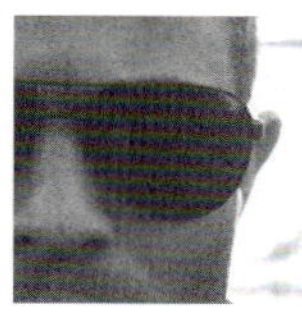

Márcio Barbalho

Associado
Márcio Barbalho dos Santos

Principais clientes
Brasil Telecom
Fundação Unimed
Fiat Automóveis
Federação Unimed Minas

Area de atuação
Identidade Visual
Sinalização
Editorial
Embalagem
Promocional
Ponto de Vendas

Posicionamento
Formado em Desenho Industrial pela UEMG, possui vários trabalhos selecionados pela ADG, levando o prêmio de destaque na categoria Promocional no ano de 2004. Desde Novembro de 2005 atua como Diretor de Criação na Torchetti.

Rua Astolfo Dutra, 276/101
Pompéia
Belo Horizonte, MG
30280-420
marcbarbalho@hotmail.com
barbalho@torchetti.com.br
tel 31 9605.1810

MARIANA MOTA .com

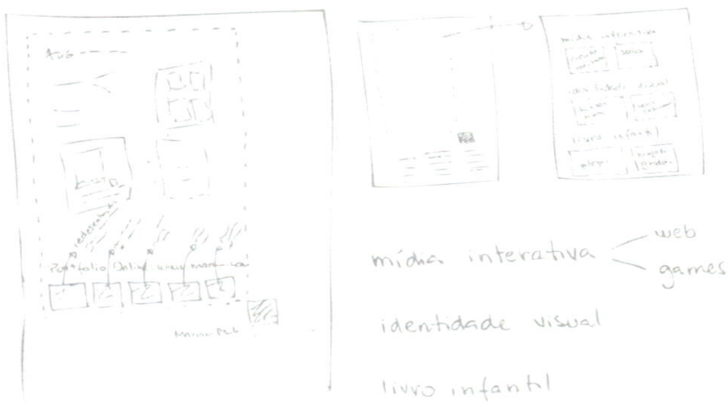

Identidade corporativa e redesenho do logotipo (2006)

Livro infantil "O caminho do livro" Projeto final graduação (2005)

Convite de casamento (2005)

Website p/ Salas desenvolvido na empresa DM2.82 (2007)

Projeto final do Mestrado "What have you left behind: — story of nomads" website: www.marianamota.com/whathaveyouleftbehind

Portfolio Online:

www.marianamota.com

Associado
Mariana Araújo Mota

www.marianamota.com
marianamota@marianamota.com
skype: mari_mota

Mariana Mota

Posicionamento

Designer Gráfica (PUC-Rio, 2005) e Mestre em Mídia Interativa (University of the West of England - Bristol, 2009).
Grande interesse em projetos que se aplicam a diferentes tipos de mídia e projetos de cunho cultural, artístico e social.

Area de atuação

Mídia Interativa (web/games)
Identidade Visual
Editorial
Livro Infantil

Principais clientes

Coisas de Neném
Postall
Santos Mota Engenharia

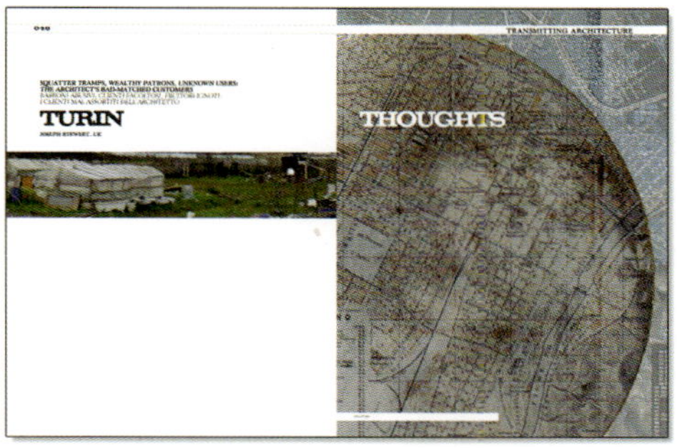

IRAC. Istituto Ricerche Applicazione di Cosmesi. (www.nicolaocosmetics.com). AB+. Ristorante | Club | Luxury Home | Art&Business. (www.abpiu.it). Cluster Magazine. (www.cluster.eu)

mario suarez | design

Associado
Mario Suarez

Rua Sto. Antônio do Monte, 600
Santo Antônio
Belo Horizonte. MG.
30330-220
www.mariosuarez.net
ms@mariosuarez.net
tel 31 9163.0883
skype: mariosuarez-brasil

Principais clientes

IRAC. Itália.
Cluster / AB+. Itália.
Livolsi &Partners. Merchant Bank.it.
Pitágoras Tec. Brasil.
Zambon Group. Pharmaceutical. It.
SEA - Aeroporti. Itália.
CETEB. Centro de Ensino Tecnológico de Brasília. Brasil.

Area de atuação

identidade corporativa (branding)
design editorial
criação de conteúdo
design de infra-estrutura
embalagens
design digital [mídia eletrônica]
advertising [comunicação]

Posicionamento

Soluções ajustadas ao perfil da empresa. Versatilidade com rendimento universal que se estende a todos os níveis e linguagens da comunicação, da marca ao pequeno folder, do institucional ao promocional. Sinergia e coerência nas mensagens, permitindo que se identifique o emissor.

1. Unisanta - Unimed SC, 2. ONG Amigos das Araucárias, 3. Arena Cultural Shopping Palladium, 4. Programa Música nos Parques, 5. Vono - Grupo GVT, 6. 20º Festival de Dança de Joinville TIM, 7. Teatro Novelas Curitibanas, 8. Banco do Brasil 200 Anos, 9. Água Mineral Spaipa, 10. Espaço Cultural da Prefeitura de Curitiba

Associado
Marcos Minini

Al. D. Pedro II, 574
Batel
Curitiba - PR
80420-060
www.master.com.br
marcos.minini@master.com.br
tel 41 3777.1100
fax 41 3777.1135

Master Comunicação

Posicionamento

Como uma grande empresa de comunicação, a Master criou sua estrutura de design há 8 anos com a intenção de fornecer aos clientes soluções integradas para a construção de marca e comunicação. Funcionamos em forma de rede com escritórios em Brasília, Curitiba, Porto Alegre, Rio de Janeiro e São Paulo.

Area de atuação

Identidade Visual
Design de Embalagens
Editorial
Design Promocional
PDV
Propaganda/Promoção/Web

Principais clientes

Banco do Brasil
Ministério da Saúde
BR Distribuidora
TIM Sul/TIM Centro-Oeste
Grupo Publicar
Prefeitura de Curitiba

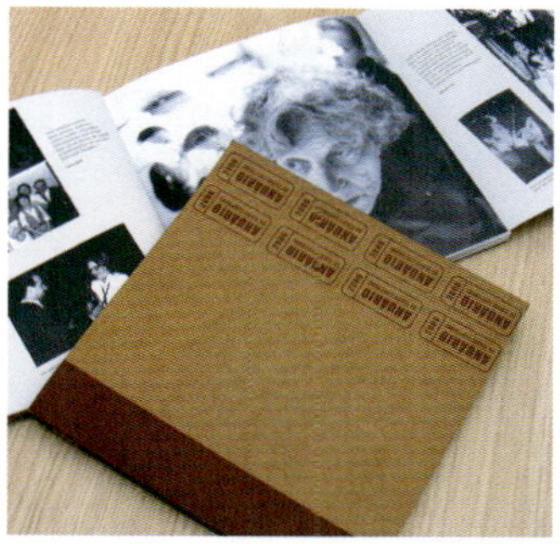

Mayra Pedroso

Principais clientes
Fundação Cultural de Curitiba

Area de atuação
Design editorial
Design expográfico
Identidade Visual

Posicionamento
Desenvolve projetos principalmente na área cultural, tais como catálogos de arte, livros, periódicos e exposições.

Associado
Mayra Pedroso

R. Santa Catariba 847
Água Verde
Curitiba, Pr
80610-090
www.geocities.com/mayra_pedroso
mayra_pedroso@hotmail.com
tel 41 8866.1781

BRAZILIAN BUREAU OF ECOTOURISM

IO Instituto Oceanográfico

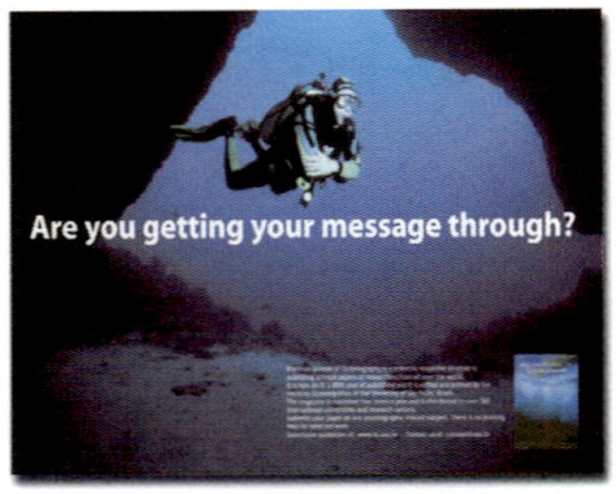

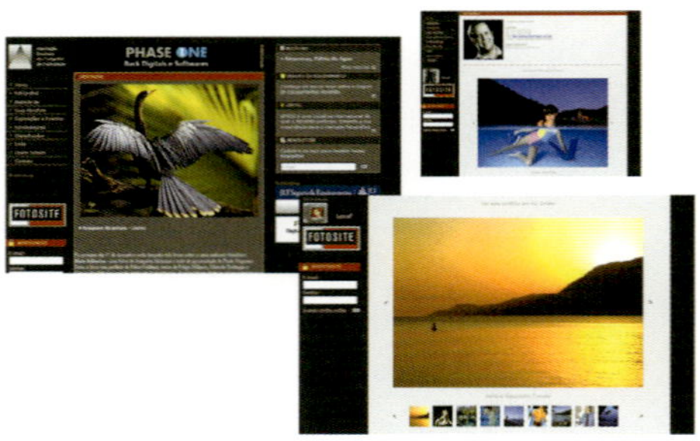

1. Logomarca - Bureau Brasil de Ecoturismo
2. Folder Institucional - Bureau Brasil de Ecoturismo
3. Website - Abrafoto
4. Logomarca - Instituto Oceanográfico da USP
5. Cartazes - Brazilian Journal of Oceanography
6. Website - TerraNativa Ecoturismo

Associado
Cristiano F. Burmester

Rua Girassol, 326.
Vila Madalena
São Paulo - SP
05433-000
www.mester.com.br
cristiano@mester.com.br
tel 11 3812.4256
fax 11 3812.4256

Mester Comunicação

Posicionamento
A Mester realiza um trabalho de gestão da comunicação, utilizando o design como um elemento de inovação e integrando as mais atuais ferramentas de marketing com a consciência de quem faz da comunicação um negócio.

Area de atuação
Identidade Visual
Editorial
Internet
Material promocional
Propaganda
Audiovisual

Principais clientes
Instituto Oceanográfico da USP
Estação Ciência
Bureau Brasil de Ecoturismo
JCTM Marketing Industrial
HidroMares
TerraNativa Ecoturismo
Abrafoto - Associação Brasileira dos Fotógrafos de Publicidade

Livro Challenging your Dreams - Uma Aventura pelo Mundo: projeto gráfico, ilustrações e produção gráfica.

Miriam Furuno

Posicionamento

Associado
Miriam Furuno

miriam@design.ind.br

Principais clientes
Challenging your Dreams

Area de atuação
Identidade Corporativa
Design de Embalagens
Impressos
Sinalização
Material Promocional e PDV
Web Sites
Editorial

1. Identidade visual Salão Pernambuco Design 2008
2. Site Madame Surtô
3. Absolut Brasil
4. Identidade visual Eco Resort do Cabo
5. Logos
6. Fonte Japiassu

Associado
Eduardo Rocha

Rua Ribeiro de Brito, sala 406
Boa Viagem
Recife, PE
51021-310
www.mooz.com.br
info@mooz.com.br
tel 81 3465.2550
fax 81 3465.2550

mooz

Posicionamento
mooz é Daniel Edmundson, Eduardo Rocha e Gustavo Gusmão. Juntos, formam um estúdio de design em Recife. Identidade visual, web design e ilustração são o foco de trabalho da empresa, que também se dedica a projetos culturais de música e arte.

Area de atuação
Identidade Visual
Editorial
Ilustração
Webdesign

Principais clientes
Eco Resort do Cabo
DonaSanta | SantoHomem
Pharmapele
Ampla
Centro de Design do Recife
O Imaginário
Madame Surtô

Cliente: Automatica / Chelpa Ferro
Convite-poster e sinalização da exposição "Jungle Jam"

Cliente: Festival Panorama de Dança
Estudio: Ana Laet Com.
Catálogo e comunicação urbana do evento

Cliente: PUC-Rio
Folder-poster de divulgação da graduação em Design, em colaboração com Felipe Kaizer

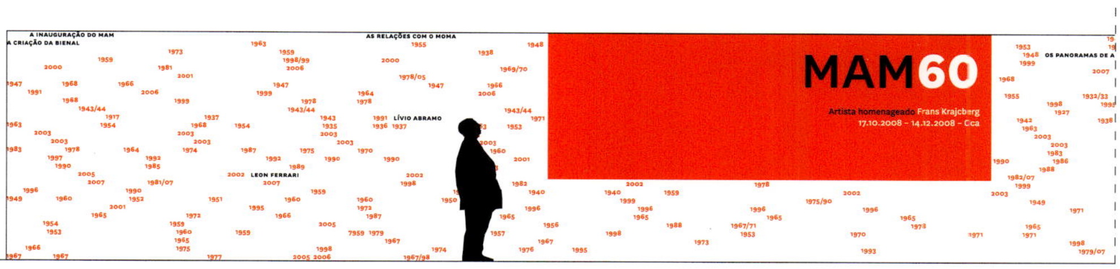

Cliente: Editora Anonima
Catálogo e projeto da exposição MAM60, com Carlito Carvalhosa

Cliente: Gegê Produções / Estudio: Tecnopop
Livro Expresso 2222

Cliente: Chacal / Estudio: Tecnopop
Programa-cartaz do evento "Bendita Palavra Maldita" em colaboração com Felipe Kaizer

Cliente: Light / Estudio: Ana Laet Com.
Projeto Gráfico do Relatório Anual de 2006, em colaboração com Cecilia Costa e direção de Ana Laet.

nelvoso.com

Principais clientes
Automatica
CAIXA Cultural
Editora Anonima
Maison de France
Overmundo
PUC-Rio

Area de atuação
Design de livros
Design de exposições
Comunicação de eventos

Posicionamento
Alcançar, em cada projeto, o máximo de eco em relação ao conteúdo proposto através de pesquisa conceitual e formal, aliada à excelência tipográfica e cuidado ao detalhe.

Associado
João Doria

Rainha Guilhermina 155/203
Leblon
Rio de Janeiro, RJ
22441-120
www.nelvoso.com
joao@nelvoso.com
tel 21 9615.9930
fax 21 3259.9930
skype: joaodoria

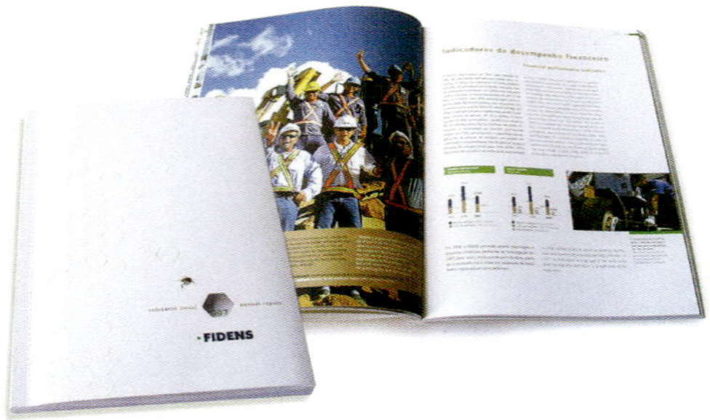

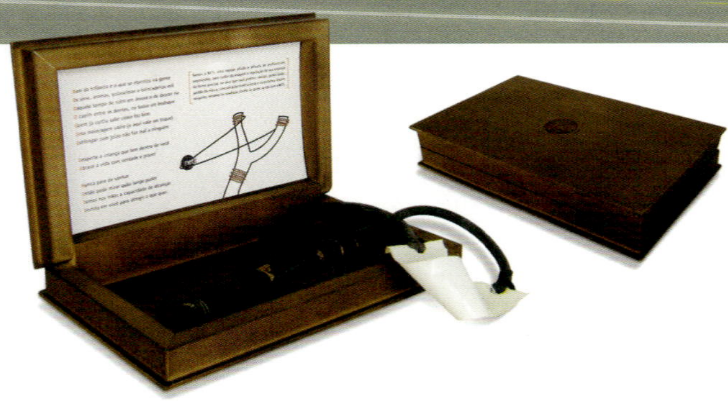

MASB
DESENVOLVIMENTO IMOBILIÁRIO

Relatório Anual Fidens 2007 • Programa de Consumo Consciente Unimed - premiado pela ABERJE em 2008 • Relatório para a Sociedade Anglo American Brasil 2007 • Sinalização Unimed Contagem • Brinde de relacionamento NETi • Identidade visual MASB

Associado
Márcio Lambert

Av. Raja Gabaglia, 2680/703
Bairro Estoril
Belo Horizonte, MG
30350-540
www.neti.com.br
lambert@neti.com.br
tel 31 3344.8488
fax 31 3296.7486

NETi Comunicação Integrada

Posicionamento
A partir do olhar apurado pelo design, atuamos em projetos de comunicação integrada focados na construção da reputação e imagem das empresas, aprimorando o relacionamento dos clientes com os seus diversos públicos.

Area de atuação
Comunicação corporativa
Publicidade
Branding
Design

Principais clientes
Governo de Minas Gerais
Fidens
Anglo American
Unimed-BH
Magnesita
AngloGold Ashanti
IETEC - Instituto de Educação Tecnológica

Núcleo de Arte - Rede Minas de Televisão

Associado
Arnaldo César Duarte

Principais clientes
Secretaria de Estado de Cultura de Minas Gerais
Gerdau Açominas
Fiat Automóveis
Café 3 Corações
FIEMG

Area de atuação
Design para Mídia Eletrônica
Design Corporativo
Direção de Arte
Cenografia
Direção de Cena

Posicionamento
O Núcleo de Arte é o responsável pela criação e manutenção da identidade visual do canal público Rede Minas. Atua também na concepção de campanhas institucionais e peças videográficas para os clientes da emissora.

Av. Nossa Senhora do Carmo, 931
Sion, Belo Horizonte, MG
30310-000
www.redeminas.mg.gov.br
arnaldo@redeminas.mg.gov.br
arnaldoduarte.design@terra.com.br
tel 31 3269.9046
fax 31 3269.9144

Embalagem Homme Femme O Boticário
Cartaz Festival de dança de Joinville
Book Ciclos O Boticário
Campanha Lilica Ripilica
Embalagem Connexion Woods O Boticário
Identidade Visual Oxford Crystal

Associado
Alessandro Tauchmann

Rua Itupava, 362
Alto da XV
Curitiba, Paraná
80060-250
www.opusmultipla.com.br
ale@opusmultipla.com.br
tel 41 3362.1919

Opusmúltipla Comunicação

Posicionamento

Criar e conceituar marcas, fomentar discussões, modificar pensamentos. Tudo é projetado estrategicamente para ser parte de um todo, ao qual chamamos de "alma da marca". E é na sua construção que reside nosso principal trabalho.

Area de atuação

Identidade Visual
Branding
Embalagem
Sinalização
PDV

Principais clientes

O Boticário
Marisol
Docol
Bergerson
Condor
BRMalls

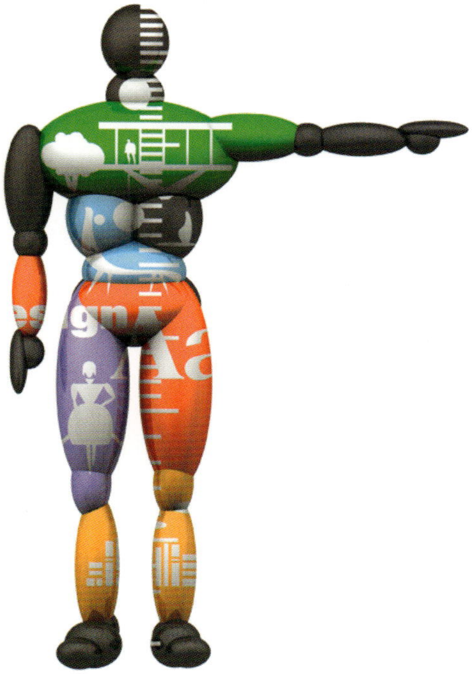

KM·M·MM
VIVER DESIGN EM SÃO PAULO

Oz Design

Associado
Ronald Kapaz

Principais clientes
Credit Suisse Hedging-Griffo
Hospital Sírio-Libanês
Penalty
Claro
Sabesp
Grupo Comolatti

Area de atuação
Branding
Identidade Visual
Design de embalagens
Editorial
Produto

Posicionamento
Trabalhar em equipe.
Desenhar o conteúdo antes.
Desenhar a forma bela depois.
Ouvir o cliente com atenção.
Olhar para o contexto com atenção.
Dedicar o tempo necessário à busca.
Defender o belo, sempre.

Rua Andrade Fernandes 303
Vila Madalena
São Paulo, SP
05449-050
www.ozdesign.com.br
ronald@ozdesign.com.br
tel 11 5112.9200
fax 11 5506.2007
skype: Ronald Kapaz
Facebook: Ronald Kapaz

Exposição de Premiação Prata da Casa - Petrobras.
Parede em blocos de Polipropileno - ABERJ.
Recortes e elásticos para festa temática - BBC.

Associado
Patrícia Sobral

Rua Nascimento Silva, 122 / sl. 101
Rio de Janeiro, RJ
22421-020
www.paluana.com.br
paluana@paluana.com
tel /fax 21 2523.2292
tel /fax 21 2227.5176
tel /fax 21 2247.9074

Paluana Comunicação

Posicionamento
A Paluana Comunicação é uma produtora de eventos que atua há mais de 25 anos no mercado nacional e internacional se destacando na organização de eventos, cenografia, ambientações e exposições.

Area de atuação
Marketing Promocional
Ambientação
Programação Visual

Principais clientes
BBC de Londres
BNDES
Fundação Ricardo Espírito Santo
Knauf
Meio e Mensagem
Petrobrás
Prefeitura Municipal de Mossoró
Statoilhydro

Projeto de Arquitetura e Exposição Permanente do Memorial da Resistência do Povo de Mossoró - RN.

Paluana Comunicação

Associado
Roberto Lacerda

Principais clientes
BBC de Londres
BNDES
Fundação Ricardo Espírito Santo
Knauf
Meio e Mensagem
Petrobrás
Prefeitura Municipal de Mossoró
Statoilhydro

Area de atuação
Marketing Promocional
Ambientação
Programação Visuala

Posicionamento
A Paluana Comunicação é uma produtora de eventos que atua há mais de 25 anos no mercado nacional e internacional se destacando na organização de eventos, cenografia, ambientações e exposições.

Rua Nascimento Silva, 122 / sl. 101
Rio de Janeiro, RJ
22421-020
www.paluana.com.br
paluana@paluana.com
tel /fax 21 2523.2292
tel /fax 21 2227.5176
tel /fax 21 2247.9074

Associado
Pedro Henrique Garcia

SCLN 109 Bloco C Sala 216
Asa Norte
Brasília, DF
70752-530
ph.design@ uol.com.br
tel 61 3877.6503

PHD Design Gráfico

Posicionamento
Nosso objetivo é a construção de marcas fortes através de uma linguagem visual de excelência com implicações na forma de pensar, organizar e transmitir valores ao público.

Area de atuação
Identidade Visual
Editorial
Design Promocional

Principais clientes
Correios
Caixa Seguros
AVINA
FSB Comunicação
Rafael Reisman Produções
Gráfica Coronário

sentimentação: Ilustração criada por Tomaz Fernandez Presas.

pontodesign

Associado
Joaquin Fernandez Presas

Principais clientes
Ceratti Alimentos
Corgraf Gráfica e Editora
Fecomércio - PR
Fran's Café
Greca Asfaltos
Luciano Burti
Sigep/Abrigraf PR

Area de atuação
Marca
Identidade Corporativa
Web e Multimídia
Editorial
Embalagem
Promoção
Merchandising

Posicionamento
Tornar possível a coexistência da razão e da emoção de maneira produtiva, construindo a integração de áreas como gestão de marcas, publicidade, design, promoção e relacionamento. Em uma palavra: SENTIMENTAÇÃO.

Avenida Cândido Hartmann, 570
Conjunto 244 - Champagnat
Curitiba - Paraná
80730-440
www.pontodesign.com.br
joaquin@pontodesign.com.br
tel 41 3336.3663

P O P
Marketing

www.popmarketing.com.br

Associado
Fernanda Galindo

Rua Helena, 260
Cj 74, 7º andar, Ed. Atrium IV
Vila Olímpia
São Paulo, SP
04552-050
www.popmarketing.com.br
tel 11 3045.4397
fax 11 3045.4911

POPMarketing

Posicionamento

Especializada em trade marketing, a POPMarketing busca a inovação para atender às necessidades do mercado, desenvolvendo desde merchandising para PDV até programas de excelência de varejo, oferecendo a seus clientes uma solução completa.

Area de atuação

Merchandising para PDV
Inteligência de Varejo
Pesquisa e Auditoria de Canais
Gestão e Segmentação de Canais
Desenvolvimento e Capacitação

Principais clientes

ABSOLUT VODKA
Kibon
Kraft
Mantecorp
Schincariol
Souza Cruz

integra
Rede de Relacionamento
Credenciados Sebrae | RS

1

2

3

MAURICIO CABERLON
engenharia e estruturas

5

pure bros

4

6

7

1 - Identidade Visual e materiais para o projeto Integra - Sebrae/RS; 2 - Banners para a Onodera Porto Alegre; 3 - Logomarca Maurício Caberlon; 4 -Logomarca Pure Bross; 5 - Identidade Visual da coleção Seminários Leandro & Stormer; 6 - Identidade Visual da Linha Orgânica Stem; 7 - Cartazes Happy Hour Dado Pub.

Porto DG

Associado
Évelyn Parrilha Bisconsin

Principais clientes
Caixa/RS
Dado Pub
Farmácias Associadas
Leandro & Stormer
Sebrae/RS
Stem Pharmceutical

Area de atuação
Identidade Visual
Design de embalagens
Editorial

Posicionamento
Porto DG é um estúdio formado por Évelyn Bisconsin e Sílvio Lovato, com foco na criatividade e na agilidade dos processos. Especializado em Identidade Visual, Design Promocional, Editorial e Embalagem, a relação com seus clientes é focada em soluções adequadas e inovadoras para os seus negócios.

Av. Taquara, 353 / 402
Bairro Petrópolis
Porto Alegre, RS
90460-210
www.portodg.com.br
evelyn@portodg.com.br
tel 51 3013.2121
51 3012.2123
MSN: epconsin@hotmail.com

1. Relatório anual para a ANTT - Agência Nacional de Transportes Terrestres 2. Troféu e diploma para a Aggreko 3. Identidade visual para o 3º Seminário Internacional de Comportamento e Consumo.

Associado
Rafael Ayres

Pós Imagem Design

Rua Maria Eugênia, 215 - conj. 101
Humaitá
Rio de Janeiro, RJ
CEP 22261-080
www.posimagem.com.br
atendimento@posimagem.com.br
tel 21 2246.0624 / 21 2246.6382

Posicionamento
Alinhados ao conceito de branding, mergulhamos na cultura de marcas, produtos e serviços buscando gerar uma comunicação integrada e inovadora. Com uma equipe jovem e multidisciplinar, a Pós Imagem conta agora com o talento das novas sócias Ana Amélia Martino e Débora Klippel.

Area de atuação
Construção e Estratégia de Marcas
Web - Estratégia e Design
Relatórios Anuais
Projetos Editoriais
Projetos para a ind. fonográfica
Embalagens
Estande

Principais clientes
Aggreko
ANTT
Instituto Souza Cruz
Krest
Petrobras
Senai/Cetiqt
SONY/BMG

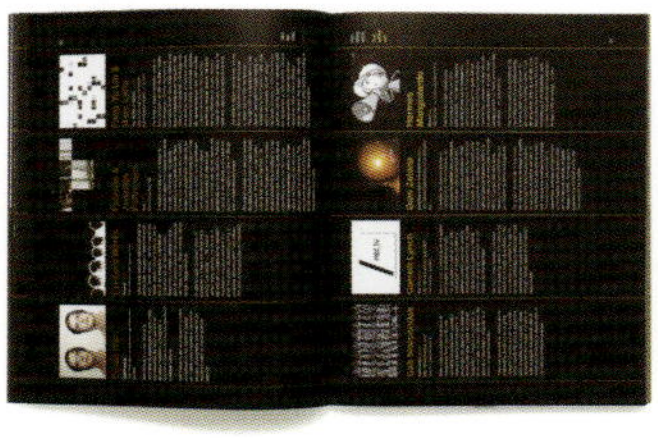

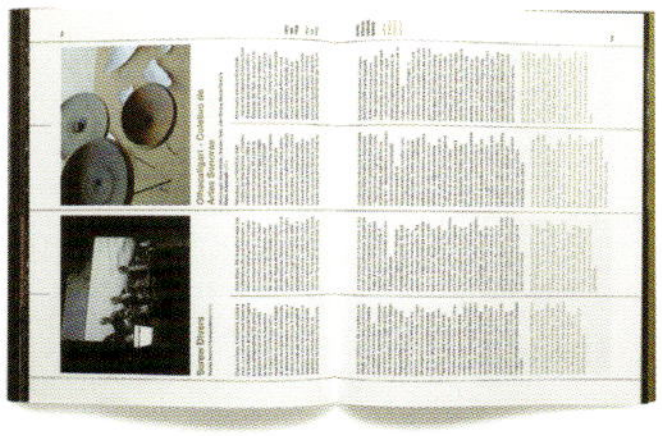

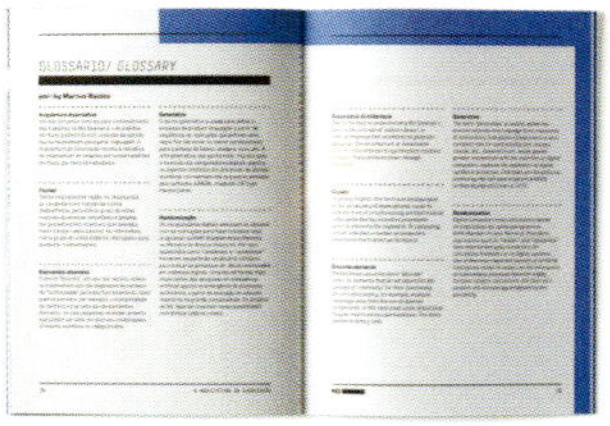

ps.2 arquitetura + design

Associado
Fábio Prata

Principais clientes
MIS - Museu da Imagem e do Som
Sesc SP
FILE - Festival Internacional de Linguagem Eletrônica
Paço das Artes
Galeria Luisa Strina
Gráfica Mattavelli

Area de atuação
Identidade Visual
Editorial
Promocional
Embalagem
Digital
Sinalização

Posicionamento
A ps.2 arquitetura + design cria e desenvolve projetos gráficos para mídia impressa e digital, principalmente na área cultural. Fazem parte do portfólio da ps.2 trabalhos de identidade visual, livros, catálogos, peças promocionais e sites.

Rua Carla 10, Itaim Bibi
São Paulo, SP
04531-070
www.ps2.com.br
fabioprata@ps2.com.br
tel 11 3079.3735
fax 11 3079.5394

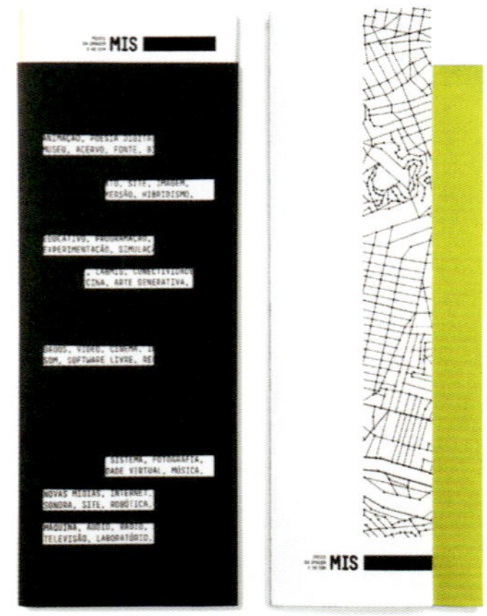

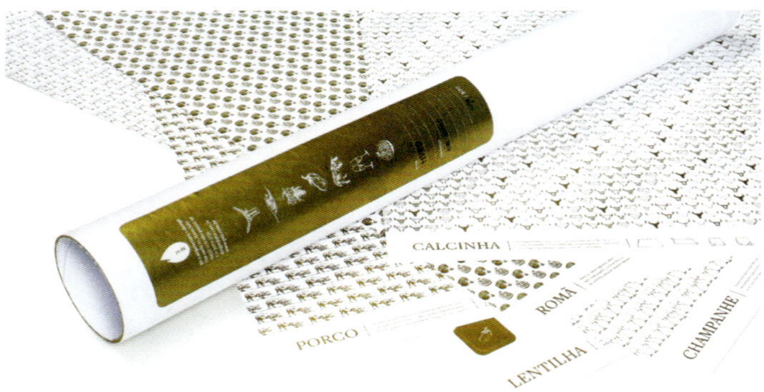

Associado
Flávia Nalon

Rua Carla 10, Itaim Bibi
São Paulo, SP
04531-070
www.ps2.com.br
flavianalon@ps2.com.br
tel 11 3079.3735
fax 11 3079.5394

ps.2 arquitetura + design

Posicionamento
A ps.2 arquitetura + design cria e desenvolve projetos gráficos para mídia impressa e digital, principalmente na área cultural. Fazem parte do portfólio da ps.2 trabalhos de identidade visual, livros, catálogos, peças promocionais e sites.

Area de atuação
Identidade Visual
Editorial
Promocional
Embalagem
Digital
Sinalização

Principais clientes
MIS - Museu da Imagem e do Som
Sesc SP
FILE - Festival Internacional de Linguagem Eletrônica
Paço das Artes
Galeria Luisa Strina
Gráfica Mattavelli

Sabonete OX 100% Vegetal
Pensamos aqui na agência o seguinte conceito. "Um jardim colorido". Formas orgânicas invadem a frente e as laterais das embalagens, o conjunto tem muita força harmônica, como visto acima. Além disso criamos o selo 100% Vegetal.

Pulsar Design

Principais clientes
Davene
OX Cosméticos
AORI Produções Culturais
Conselho Regional de Química
Klerix Cosméticos
Brazilian Feeling
Revista Moeda Viva

Area de atuação
Design de embalagens
Editorial
Identidade Visual
Design Promocional
Web
Sinalização
Ação de Guerrilha

Posicionamento
Construir nos trabalhos um conjunto de sensações e fazer com que transpirem seus conceitos a cada momento faz parte do nosso dia-a-dia. Estabelecer o mais importante elo entre pessoas e marcas: "a paixão". Esse é o desafio que nos movimenta.

Associado
Emerson Marinho Nóbrega

Rua: Julio Augusto Henriques nº 76
Bairro: V.N. Cachoeirinha
São Paulo, Capital
CEP 02612-040
www.pulsardesign.com.br
criacao@pulsardesign.com.br
tel 11 3983.5149
cel 11 9784.8012
skype: pulsardesign
http://pulsardesign.blogspot.com

1 Fórum Internacional de Arquitetura
Identidade visual / anúncios / material de divulgação
2 Alternativas
Selo comemorativo
3 Brasil Ceramic Tile
Comunicação visual / web site / material promocional

Associado
Eduardo Rosa

Rua Áurea, 413 Vila Mariana
São Paulo SP
CEP 04015-070
www.r2mix.com.br
eduardo@r2mix.com.br
tel/fax 5572.9898

R2Design

Posicionamento
Ideias que transformam ações em resultados positivos.

Area de atuação
design corporativo
design editorial
design promocional
webdesign
marketing direto
embalagem

Principais clientes
Anfacer
BMW Serviços Financeiros
DuPont
Invista
Revestir

Radiográfico

Associado
Olivia Ferreira

Principais clientes
Tv Globo
Pindorama Filmes
riocenacontemporanea
Michel Melamed
À Colecionadora
Cia de dança Dani Lima
Editora Senac Nacional

Area de atuação
Videografismo
Design Cultural
Design Promocional
Design Editorial
Identidade Visual

Posicionamento
O Radiográfico é um escritório de design, criado pelos sócios Olivia Ferreira e Pedro Garavaglia, que atua nos diversos campos da comunicação visual com enfoque na área cultural. Pesquisa, conceito, experimentação.

Rio de Janeiro, RJ
www.radiografico.com.br
contato@radiografico.com.br
tel/fax 21 2247.8346

Associado
Rafael Neder

www.rafaelneder.com.br
contato@rafaelneder.com.br

Rafael:Neder

Posicionamento
Designer gráfico graduado pela Universidade do Estado de Minas Gerais e especialista em Marketing e Comunicação pelo UNIBH. Atualmente é designer freelance e professor na Universidade FUMEC.

Area de atuação
Design de Interfaces
Ensino
Tipografia

Principais clientes

MARCA, EMBALAGEM, EDITOR
EXPERIMENTAL A MAIS PREM
HISTÓRIA DA BIENAL DE DESI
SELECIONADOS HOW DESIGN
PAIDÉIA, MARTINS FONTES ED
4SALTI CONGELADOS, UNILEV
/UK '07 > RUSH BATATAS FRITA
'07 > PUBLICAÇÕES INSTITUCI
REBRAND100/USA '06 > CAFÉ
PEITO, EDITORA BIRUTA A MAI
UNILEVER PARA A AMERICA L
LIVROS WWW. REXNET.COM.B

Rex Design

Associado
Gustavo Piqueira

Principais clientes
Unilever (UK, China, LatAm, Brasil, etc.)
Kraft Foods
BNDES
FEMSA
Reckitt Benckiser
BIC
Hershey's LatAm

Area de atuação
Victoria Embankment (tube: Blackfriars, London)
Tortuguitas (Buenos Aires)
Água Verde (Curitiba)
Vila Olimpia e adjacências (São Paulo)
Centro (Rio de Janeiro)
Raposo Tavares (km 18, Cotia)
Rodovia Anhanguera (Campinas)

Posicionamento
2 - 3 - 28 - 5
(Defesa compacta, saindo em velocidade no contra-ataque.)

Rua Caetés 107
Perdizes
São Paulo, SP
05016-080
www.rexnet.com.br
rex@rexnet.com.br
tel 11 3862.5121
fax 11 3862.5121
blog.rexnet.com.br

IAL, PDV E DESIGN
IADA AGÊNCIA DO BRASIL NA
GN GRÁFICO > 62 PROJETOS
AWARDS/USA '08 > COLEÇÃO
ITORA REBRAND100/USA '08 >
ER PORTUGAL PENTAWARDS
S, SPILFOODS MAX FEFFER
ONAIS, CARE DO BRASIL
IGUAÇU JABUTI '06 > LIS NO
OR AGÊNCIA DE DESIGN DA
ATINA SELO EDITORIAL REX
R BLOG.REXNET.COM.BR

Associado
Marco Aurélio Kato

Rua Caetés 107
Perdizes
São Paulo, SP
05016-080
www.rexnet.com.br
rex@rexnet.com.br
tel 11 3862.5121
fax 11 3862.5121
blog.rexnet.com.br

Rex Design

Posicionamento
2 - 3 - 28 - 5
(Defesa compacta, saindo em velocidade no contra-ataque.)

Area de atuação
Victoria Embankment (tube: Blackfriars, London)
Tortuguitas (Buenos Aires)
Água Verde (Curitiba)
Vila Olimpia e adjacências (São Paulo)
Centro (Rio de Janeiro)
Raposo Tavares (km 18, Cotia)
Rodovia Anhanguera (Campinas)

Principais clientes
Unilever (UK, China, LatAm, Brasil, etc.)
Kraft Foods
BNDES
FEMSA
Reckitt Benckiser
BIC
Hershey's LatAm

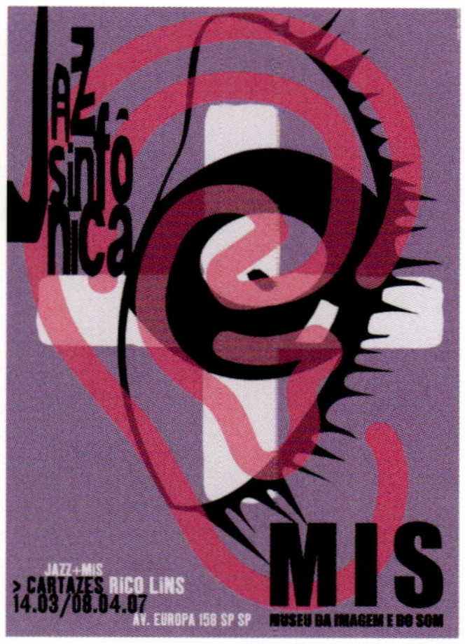

Sacolas componentes do projeto de identidade visual para a Loja SESC-SP; Capa do livro "Os Brasileiros" de Eça de Queiroz, da Editora Língua Geral; Cartazes para as exposições Jazz+Cuba e Jazz+MIS, que reúne as séries criadas para a orquestra Jazz Sinfônica 2006-07; Folder/cartaz para Bienal de Ópera de Munique, produção Goethe Institut, ZKM e SESC-SP.

Rico Lins + Studio

Associado
Rico Lins

Principais clientes
SESC SP
Goethe Institut
Istituto Europeo di Design
Editora Língua Geral
Diários Associados
Fundação Telefônica

Area de atuação
Design Editorial
Projetos Culturais
Identidade Visual
Exposições
Vídeo, TV
Educação
Ilustração

Posicionamento
palavras-chave: identidade, pertencimento e construção de repertório. Atendemos a um amplo espectro de clientes, no âmbito nacional e internacional, buscando oferecer um design múltiplo e consistente, sintonizado com as demandas da contemporaneidade.

Rua Campevas 617
Perdizes
São Paulo, SP
05016-010
www.ricolins.com
rico@ricolins.com
tel 11 3675.3507
skype:ricolins

Associado
Samuel Magalhães Profeta

Rua Apa 35 - Caiçara
Belo Horizonte - MG
30770-500
samprofeta.carbonmade.com
samprofeta@gmail.com
tel 31 8777.8731
tel 31 3462.8731

Samuel Profeta

Posicionamento
Quando criança era fascinado pelos cartazes dos filmes, capas dos discos e embalagens dos produtos. Esperava a estréia de uma novela só pra ver abertura e pensava que a logo do Carrefour era uma âncora.

Area de atuação
Identidade Visual
Design Editorial
Design de Embalagens
Sinalização

Principais clientes
Brasil Telecom
FIAT Automóveis
MBR/Vale
Fundação Unimed
Nehring Paisagistas
BB Trends

Sete volumes sobre as tradicionais técnicas de conservação e restauração do patrimônio histórico edificado, que abordam assuntos como alvenaria, carpintaria, estuque, obras sobre conservação, pintura e urbanismo. FAOP 2008.

Sebastião Miguel

Associado
Sebastião Brandão Miguel

Rua Belmiro Cruz, 202
32115-200 - Contagem MG
www.territorioneutro.com
sebastiao.miguel@gmail.com
tel 31 3393.6583
fax 31 3473.4070

Principais clientes
Fundação de Arte de Ouro Preto
Eletra Produto Cultural
Leo Bahia Arte Contemporânea
Escola Guignard-UEMG

Area de atuação
Livros e revistas
Folhetos, catálogos e folders
Placas e sistemas de sinalização
Logotipos e símbolos

Posicionamento
Bacharel Artes Plásticas Escola Guignard-UEMG (1985) e mestre em Artes Visuais EBA-UFMG (2005). Atua principalmente nos seguintes temas: discussão sobre pintura, artes gráficas, exposição experimental de artes visuais e novas mídias.

Associado
Sérgio DeAbreu

Sérgio DeAbreu Design

Av. Generalíssimo Deodoro, 1683
SL 204 - Nazaré
Belém, PA
66040-140
www.sergiodeabreu.com.br
contato@sergiodeabreu.com.br
tel 91 3212.9057
fax 91 3242.0181
cel 91 8149.8757

Posicionamento

Empresa focada em design de embalagens e estratégia de marketing promocional.
Nesta capital, já atuamos a cerca de 5 anos onde juntos com outros profissionais da área tentamos mostrar os benefícios que o design gráfico oferece ao mercado.

Area de atuação

Design de embalagens
Promocional
Identidade Visual
Ilustração
Fotografia
Arquitetura
Propaganda

Principais clientes

Rrist Ind. & Com. Ltda.
Kakuri Com. & Exp. Ltda.
Ocrim Ind. de Alimentos S/A.
Sebrae - Pa.
Delícias Catering Ind. de Alimentos.
Seko Com & Exp. Ltda.
Hiéia Ind . de Alimentos S/A.

Fotos: Thiago Barros

soma | comunicação integrada

Associado
Roberto Caldas

Principais clientes
Banco BVA S.A
Café Santa Satisfação
Dimensi Consultoria Empresarial
ONG Soltando os Bichos
Vitória Asset Management S.A.

Area de atuação
Identidade Corporativa
Editorial
Sistemas de Sinalização
Design de Embalagens
Web Design
Design Ambiental

Posicionamento
Soma de conhecimentos e de idéias. Soma de pensamento e de iniciativa. Soma dos nossos profissionais com os seus.
O Design trabalhando integrado com ferramentas de marketing e comunicação para produzir diferenciação. Consistência. Personalidade. Sem igual.

Bento Lisboa, 184/1026
Catete
Rio de Janeiro - RJ
22221-011
www.somacomunicacao.com.
soma@somacomunicacao.com
tel 21 2285.5266
fax 21 2285.5266
cel 21 8875.3338

rio2016
CIDADE CANDIDATA

Viva sua paixão

No Maracanã, a marca Rio 2016 lança a candidatura da cidade para sede dos Jogos Olímpicos.
Queima de fogos do réveillon 2008 e roda gigante no Forte de Copacabana: a marca Rio 2016 já é parte da paisagem carioca.

Associado
Ana Soter

Soter Design

Rua General Garzon, 22/306
Jardim Botânico
Rio de Janeiro, RJ
22470-010
www.soterdesign.com.br
asoter@soterdesign.com.br
tel 21 2540.6691
fax 21 2540.5898

Posicionamento
Designer carioca. Um dos seus mais recentes trabalhos é a marca oficial da Candidatura do Rio para os Jogos Olímpicos de 2016, além da criação e diagramação do Dossiê, documento final que será entregue ao COI para a escolha da cidade sede dos Jogos Olímpicos.

Area de atuação
Identidade Visual
Design Editorial
Sinalização
Design de Embalagens

Principais clientes
Comitê Olímpico Brasileiro
Orquestra Sinfônica Brasileira
SESC São Paulo
Petrobrás
Transpetro
Petroquisa
Jardim Botânico do Rio de Janeiro

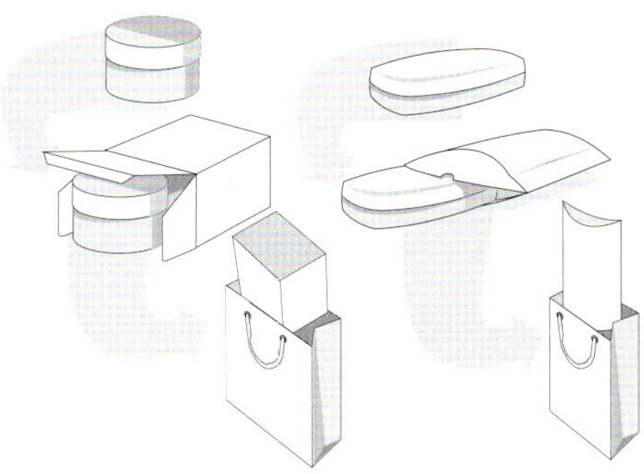

Spinassé

Associado
Marcos Antonio Spinassé

Principais clientes
CASAL - Cia. de Saneamento de AL
UNCISAL - Univers. Est. de Saúde
Juris Brasil
Pajuçara Hotel
Sena Locação e Transporte
Prefeitura de Maragogi

Area de atuação
Branding e Identidade Visual
Design de embalagens
Editorial
Sinalização
Oficinas de Design Participativo
Cursos e treinamentos

Posicionamento
Desde 1982 atua como jornalista ilustrador, publicitário, designer gráfico, consultor de comunicação e marketing.
Exerceu a função de gestor do Programa Via Design no SEBRAE/AL. É professor de pósgraduação/graduação em várias faculdades.

Rua Cel. Adauto G. Barbosa, 72
Apto. 301, Trapiche
Maceió, Alagoas - Brasil
57010-375
spinasse@msn.com
cel 82 9971.6032
MSN: spinasse@msn.com

No alto: Folder para Nininha Sigrist.
à esquerda: Ação de relacionamento do Dia Internacional da Mulher para Almap BBDO: Kit manicure.
à direita: Ambientação do estande do Shopping Iguatemi para o evento Expo Shopping 2006: Garrafas d'água e embalagens de balas e chocolates customizados com a identidade do shopping.

Associado
Vivian de Cerqueira Leite

Av. Brigadeiro Faria Lima, 2012
6º andar Jardim Paulistano
São Paulo SP
01451-000
www.superbacanadesign.com.br
superbacana@superbacanadesign.com.br
tel 11 3815.8429
fax 11 3817.4742

Superbacana Design

Posicionamento

O design é a porta de entrada para a mente e o coração dos consumidores. Para a superbacana, o design tem que ser, antes de tudo, pertinente e adequado. Ter a cara da empresa ou da marca que ela representa.

Area de atuação

Design editorial
Design de embalagens
Design promocional
Identidade visual
Identidade corporativa

Principais clientes

Almap BBDO
Alpargatas
Criterium
Editora Abril
Klabin Segall
Nivea
Shopping Iguatemi

Folder produtos
Relatórios de atividades 2006 e 2007
Catálogo instalações

sv carvalho design

Associado
Sônia Valentim de Carvalho

Principais clientes
Teperman
Fundação Nacional da Qualidade
Interact Divisórias
entre outros

Area de atuação
Identidade visual
Imagem corporativa
Publicações institucionais
Projetos editoriais
Publicações técnicas
Design ambiental
Material promocional

Posicionamento
Identificar necessidades, buscar as melhores soluções, aprofundar o conhecimento da cultura do cliente e do contexto de cada projeto, para obter como resultado um design eficiente e estabelecer parcerias de longo prazo.

Av. Pedroso de Moraes 657/41
São Paulo SP
05419-000
slvc@uol.com.br
tel 11 3032.4944
fax 11 3032.4944
skype IM soniavcarvalho

GingaEleven Filmes - Produtora de Cinema
HoneyBee - Produtos Alimentícios
Geograph - Software de Mapeamento Logístico
Isépia - Lounge & Ateliê
Barns - Indústria de Alimentos

Associado
Felipe Galindo

Rua Albuquerque Lins, 993
Conj. 162, Higienópolis
São Paulo, SP
01230-001
www.syds.com.br
felipegalindo@syds.com.br
tel 11 2597.4765
fax 11 2597.4765
MSN: felipegalindo@msn.com
cel 11 9864. 8171

Syds Company

Posicionamento
Utilizando os mais modernos conceitos e recursos de mídia, a SYDS busca agregar aos meios corporativos um design inovador e absoluto, priorizando a criatividade sem deixar de lado o posicionamento comercial de cada cliente.

Area de atuação
Identidade Visual
Design de embalagens
Webdesign
Sinalização
Uniformes
Consultoria

Principais clientes
GingaEleven Filmes
Barns
Geograph
Dominion
HoneyBee
Insépia
ACS

Kit Anual Petrobras 2007, Sistema de comunicação impresso e online (24 produtos) incluindo 9 livros, impressos institucionais, braille, embalagens e Relatório Online.
Sistema de Identidade Total©® para Energia Sustentável do Brasil.
Identidade Total©® para Pronasci-Rio.

Tabaruba Design

Associado
Bruno Lemgruber

Principais clientes
Petrobras
GDF Suez
Maison de France
EMI Music
Governo do Estado do R. Janeiro
Governo Federal / Min. da Justiça

Area de atuação
Identidade Total©®
Gestão de marcas
Identidade visual
Estratégia de comunicação
Projeto editorial
Relatório anual
Publicações institucionais
Design e estratégia Web

Posicionamento
A Tabaruba é um estúdio de criação que pensa e desenvolve projetos de comunicação, integrando criatividade, tecnologia e estratégia. Combinando elementos variados, propõe soluções customizadas, únicas, que não obedecem a fórmulas pré-estabelecidas.

Rua Bogari 43/301
Lagoa
Rio de Janeiro, RJ
22471-340
www.tabaruba.com
contato@tabaruba.com
tel 21 2286.2656
skype: Tabaruba

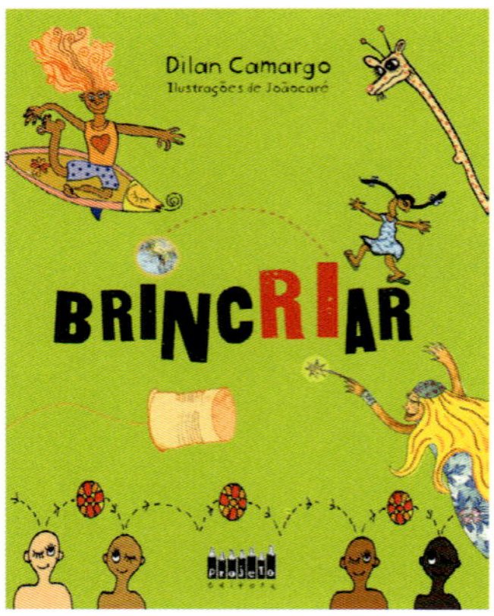

Saia de colherinhas: 9ª Bienal Brasileira de Design Gráfico; Touch NY 2008; 5th International Poster Biennial / Ningbo Museum of Art - China.
Brincriar: Melhor Livro Infantil - Prêmio Açorianos de Literatura 2008.
Billboard Coaster: Hautegreen 2007 (NY); Touch NY 2008; IGDB 5 / Ningbo Museum of Art - China.

Associado
Tatiana Sperhacke

Rua Anita Garibaldi, 1786/308
Boa Vista
Porto Alegre, RS
90480-200
www.tat.com.br
email@tat.com.br
tel 51 3012.0061

Tatiana Sperhacke - TAT studio

Posicionamento

Mestre em design pela SVA - New York, com projetos premiados pelo The Art Director's Club.
Foi designer na editora Scholastic - NY. Participou do Hautegreen 2007, Touch NY 2008, e Connected/ Design Miami, eventos focados em design ecologicamente sustentável.

Area de atuação

Editorial
Identidade Visual
Ilustração
Design de produtos
Design de superfície
Design de embalagens

Principais clientes

Artmed Editora
Editora Projeto
Fundação Iberê Camargo
Espaço Atelier
Estúdio Mutante Fotografia
M. Schmiedt Produções
Scholastic Inc.

Tempo Design

Associado
Ricardo van Steen

Principais clientes
Forum Tufi Duek
M&Guia
Natura
Globosat
Grupo RBS

Area de atuação
Marcas
Conceitos
Identidade corporativa
Conteúdos editoriais
Conteúdos televisivos
Conteúdos virtuais

Posicionamento
A TempoDesign atende poucos clientes por períodos extensos, com foco na criação e desenvolvimento de suas marcas através de conteúdos informativos. Conceitos para campanhas, revistas customizadas, embalagens, on air looks, relatórios anuais, instalações ambientais.

Rua Itaquera, 423
Pacaembu
São Paulo, SP
www.tempodesign.com.br
ricardo@tempodesign.com.br
tel/fax 11 3661.7320

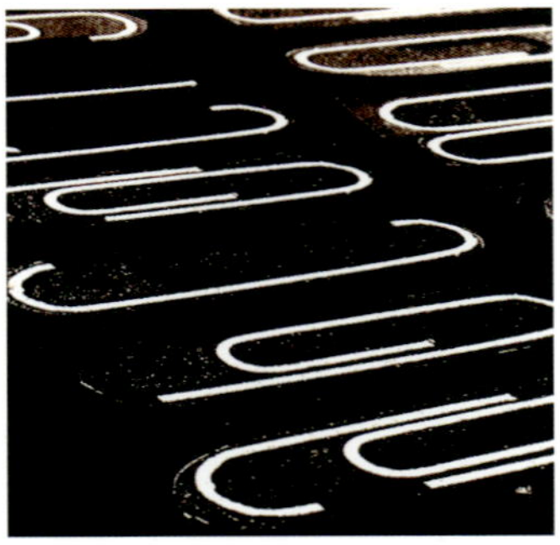

Associado
Teo Menna

Rua Capital Federal, 555 ap161
Sumaré
São Paulo, SP
01259-010
www.teomenna.com.br
teombc@yahoo.com
tel 11 9939.6901

Teo Menna

Posicionamento
Freelancer de 27 anos.
Aficionado por tipografia, tem trabalho voltado para design editorial, identidade visual e experimentações gráficas.

Area de atuação
Tipografia
Editorial
Identidade Visual
Embalagem

Principais clientes
Nestlé
SESC
Senac
London College of Communication
IAB-SP
Museu da Casa Brasileira

The Way Up

Associado
Ashiley Mendes

Principais clientes
Allbags
C&A
Cachaça Jacuba
G5 Advisors
Escola Célia Helena

Area de atuação
Estratégia
Branding
Lab
Design
Digital
Arquitetura

Posicionamento
Montamos uma metodologia baseada na estratégia de nossos clientes. Posicionamos, conceituamos, criamos, implantamos e testamos soluções visuais personalizadas. Ou seja, não existe fórmula: cada trabalho é um trabalho, cada cliente é um cliente e cada salto é um salto.

av. Nove de Julho 5017 cj. 72
Itaim
São Paulo,SP
01407-200
www.twup.com.br
contato@twup.com.br
tel 11 3709.4358

Qual o tamanho do **salto** que você quer dar?

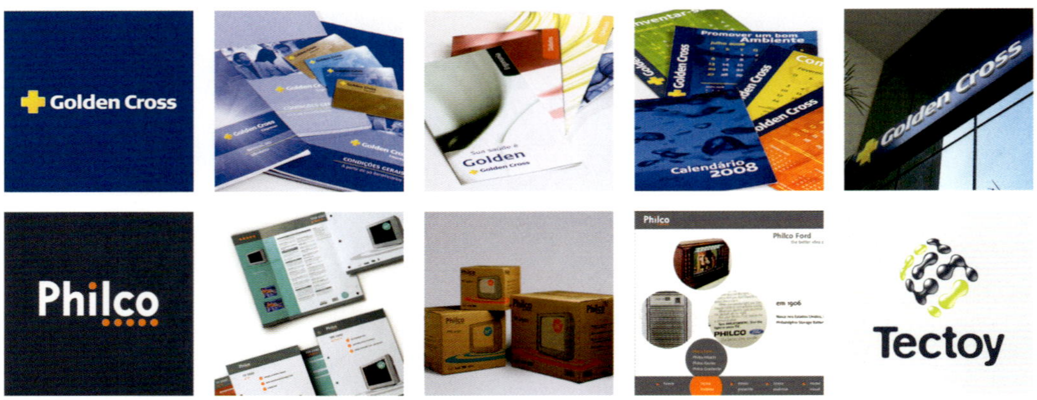

Associado
Juliana Amaral

av. Nove de Julho 5017 cj. 72
Itaim
São Paulo,SP
01407-200
www.twup.com.br
contato@twup.com.br
tel 11 3709.4358

The Way Up

Posicionamento
Todos os dias temos que reinventar nosso negócio. Chegamos à conclusão que os clientes que nos procuram querem dar um salto motivado por ações estratégicas. Nosso papel é guiar e maximizar este salto. Para isso, contamos com dois diferenciais: métodos e pessoas.

Area de atuação
Estratégia
Branding
Lab
Design
Digital
Arquitetura

Principais clientes
Golden Cross
Philco
Tectoy
Gafisa

The Way Up

Associado
Silvia Sanae Kabashima

Principais clientes
Lanza Pharmachemicals
Bispharma
Clínica Essentiale
CITEN
Símbolo

Area de atuação
Estratégia
Branding
Lab
Design
Digital
Arquitetura

Posicionamento
Cada trabalho dá início a vários questionamentos que ativam diferentes núcleos de pensamento de marca: branding, estratégia, lab, design, digital e arquitetura. Com uma equipe multidisciplinar, resultado é a entrega de projetos fortes e coerentes com o momento dos clientes.

av. Nove de Julho 5017 cj. 72
Itaim
São Paulo,SP
01407-200
www.twup.com.br
contato@twup.com.br
tel 11 3709.4358

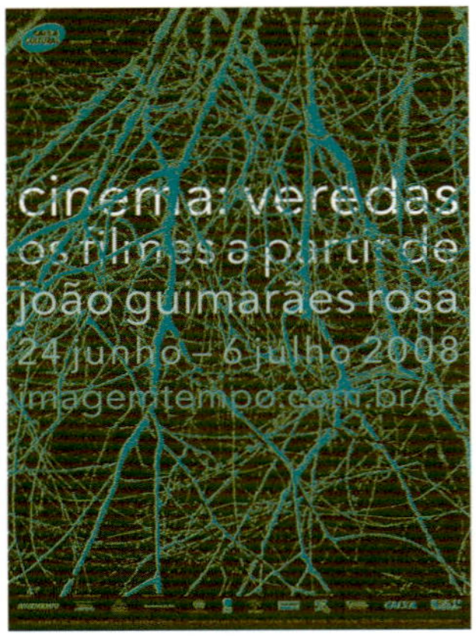

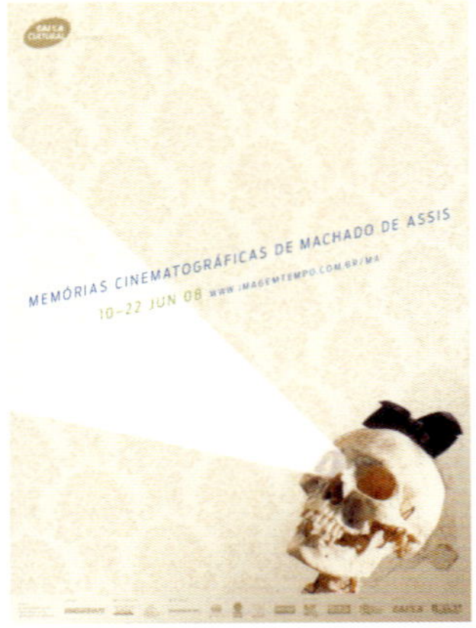

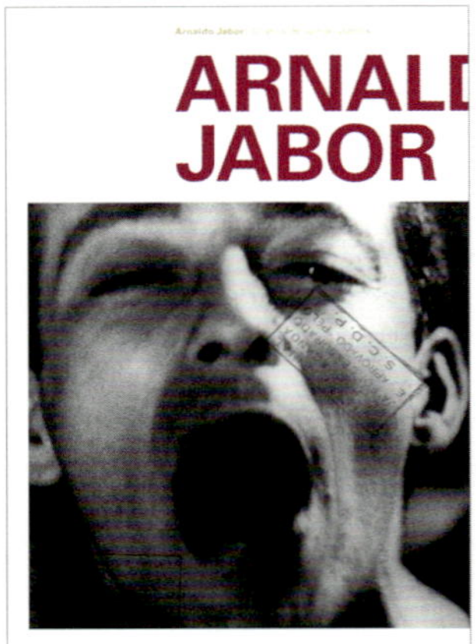

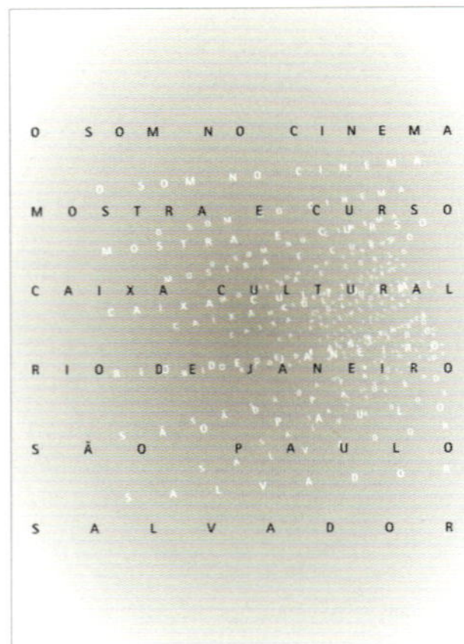

Associado
Thiago Lacaz

Rua Bela Cintra 619/11
São Paulo, SP
01415-000
www.thiagolacaz.com
tlacaz@terra.com.br
tel 11 3375.9976

Thiago Lacaz

Posicionamento

Area de atuação
Editorial
Identidade Visual
Internet
Videografismo

Principais clientes
Associação Cultural Tela Brasilis
Imagem-Tempo Produções

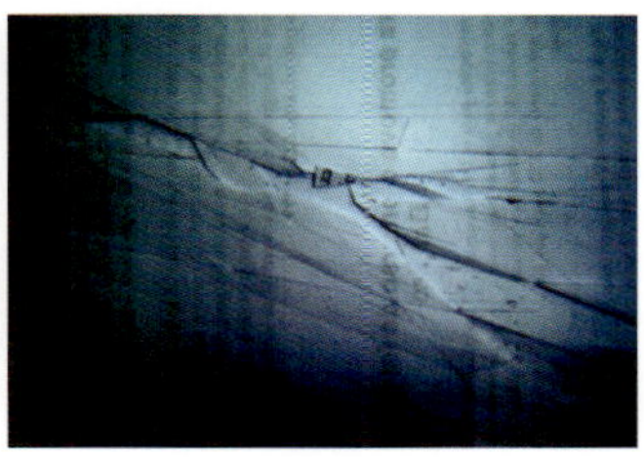

Acima, capa do editorial Perdemos o controle - Coleção de desejos passados, selecionado para a 9ª Bienal de Design gráfico. Abaixo, trabalhos autorais utilzando técnicas de colagem e fotografia.

Tiago Capute

Associado
Tiago Nogueira Capute

Principais clientes
Guili Seara Desenho
Hardy/Voltz Design
Storm Design
9DG

Area de atuação
Editorial
Fotografia
Identidade Visual
Web

Posicionamento
Designer gráfico formado na Universidade Fumec, em Belo Horizonte, MG, trabalhou em escritórios como Guili Seara Desenho Gráfico, Hardy/Voltz Design, Storm Design e 9DG. Agora freelance, atua também como fotógrafo.

Rua Rogério Fajardo, 200/301
Bairro Anchieta
Belo Horizonte, MG
30310-450
www.tiagocapute.com
tiago@tiagocapute.com
tel 31 9178.9627
tel 31 3221.8889
tcapute@hotmail.com

Trabalhos que visam reciclagem e economia. Direção: Conceição Falone Leite. Designers: Paulo Longhue, Paulo Polimeno, Elaine R. Pacheco, Hélvio F. de Sousa, Majel Kfouri, Damares Barbosa e Vitor Di Dio. Acabamento: Heleni de Souza, Wilson Cirqueira e Ademir Conti.

Associado
Paulo Cesar Longhue

Av. Paulista, nº 1842, 11º andar
Torre Norte, Cerqueira César
São Paulo, SP
01310-936
www.trf3.jus.br
dgra@trf3.jus.br
tel 11 3012.1113
fax 11 3012.1114

Tribunal Regional Federal da 3ª Região

Posicionamento

O Tribunal Regional Federal da 3ª Região pertence ao Poder Judiciário e tem jurisdição sobre São Paulo e Mato Grosso do Sul. Os trabalhos da área gráfica são desenvolvidos pela Divisão de Serviços Gráficos do TRF3.

Area de atuação

Editorial
Promocional
Embalagens
Identidade Visual
Interfaces Visuais

Principais clientes

Presidência
Secretaria Judiciária
Secretaria de Recursos Humanos
Secretaria de Informática
Subsecretaria de Assistência Médico-Social
Assessoria de Comunicação

Trabalhos realizados para o Festival Internacional de Linguagem Eletrônica no ano de 2008

uhuu

Associado
Rita Mayumi Kayama

Principais clientes
Principais clientes
Festival Internacional de
Linguagem Eletrônica (FILE)
Editora Abril

Area de atuação
Identidade Visual
Editorial
Design de interface
Web

Posicionamento
A partir de um projeto acadêmico realizado em 2006, os designers Bruno Thomaz, Mariana Moura e Rita Mayumi, se uniram para formar o Estúdio uhuu, aplicando seus conhecimentos específicos em várias áreas do design.

Rua Pantaleão Brás 64
Butantã
SP, BR
05372-080
www.estudiouhuu.com.br
aqui@estudiouhuu.com.br
tel 11 9958.0465
gtalk estudiouhuu@gmail.com

Associado
Marcelo Aflalo

Univers Arquitetura & Design

Rua Helena 170 cj93
Vila Olímpia
São Paulo, SP
04552-050
www.univers.com.br
marcelo@univers.com.br
tel 11 2628.0560

Posicionamento
Somos uma empresa multidisciplinar voltada a todos os aspectos do design, focada nos benefícios decorrentes do projeto e no impacto econômico, ambiental e social de nossas ações.

Area de atuação
identidade visual
design ambiental
promocional
sinalização
arquitetura
editorial

Principais clientes
Embratel
Havaianas
Boticário
IAB-SP
Senac
FAAP
FUNAI

Site do Relatório de Responsabilidade Social das empresas do Grupo AES no Brasil 2006

Vicente Gil Arquitetura e Design

Associado
Nasha Gil

Principais clientes
ABM Ass Bras de Metalurgia
AES Eletropaulo
Grafica Editora Aquarela
São Paulo Cia de Dança
Secretaria de Estado da Cultura SP
Senac SP
Terra Trends

Area de atuação
Design de embalagens
Editorial
Identidade Visual
Interfaces Digitais
Relatórios Anuais

Posicionamento
Praticamos experimentações visuais provocativas, atendendo empresas, interessadas cada vez mais em modelos individuais de comunicação e lembrando sempre que identidade não é igualdade visual.

Rua Marques de Itú 95 cj 31
011223-001 São Paulo SP
Brasil
www.vicentegil.com.br
nasha@vicentegil.com.br
tel 55 11 3257.9683
skype: nashagil

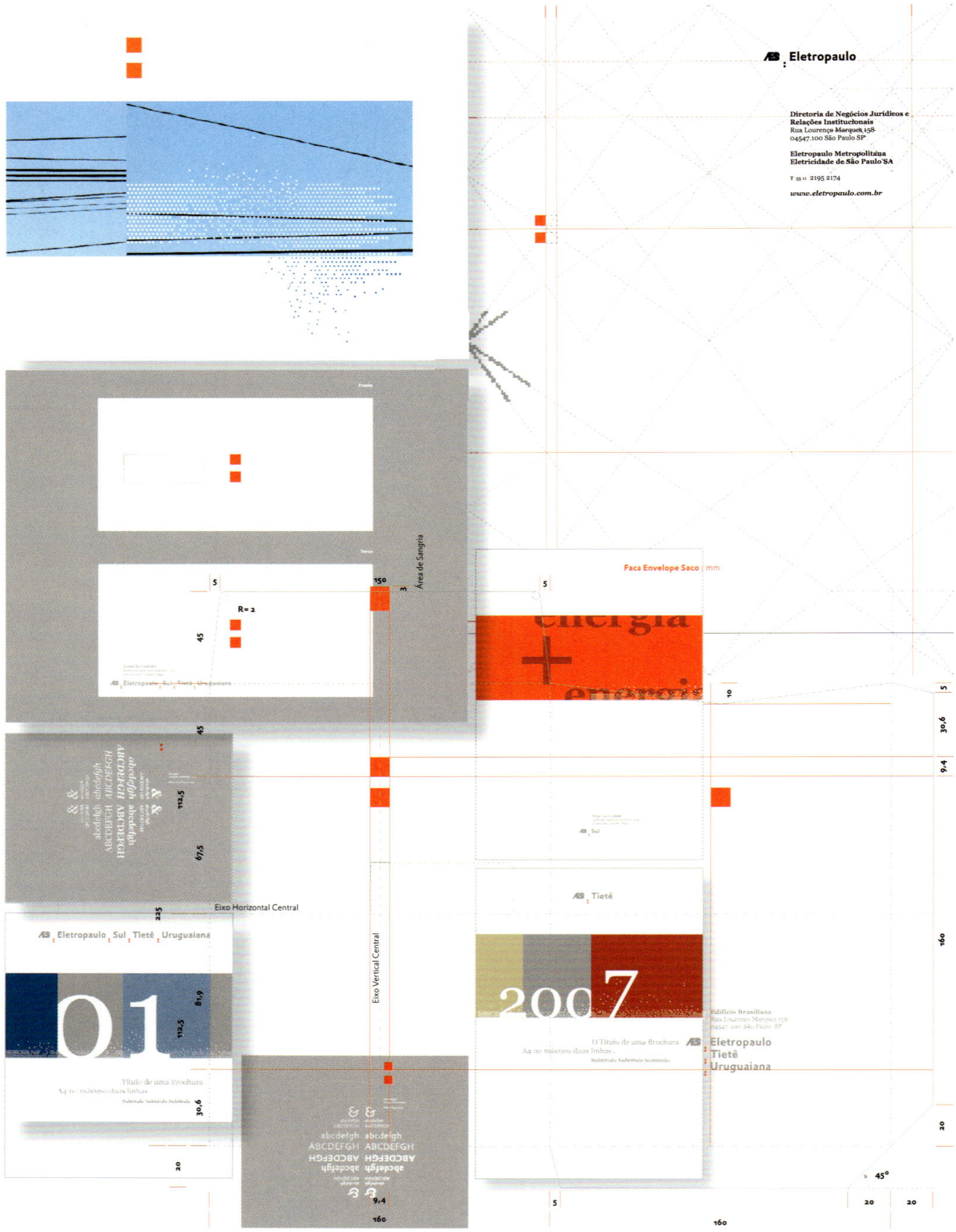

Identidade Visual
Grupo AES no Brasil

Associado
Vicente Gil

Rua Marques de Itú 95 cj 31
011223-001 São Paulo SP
Brasil
www.vicentegil.com.br
vgil@vicentegil.com.br
T 55 11 3257.9683
skype: vicentegilfilho

Vicente Gil Arquitetura e Design

Posicionamento
Praticamos experimentações visuais provocativas, atendendo empresas, interessadas cada vez mais em modelos individuais de comunicação e lembrando sempre que identidade não é igualdade visual.

Area de atuação
Design de embalagens
Editorial
Identidade Visual
Interfaces Digitais
Relatórios Anuais

Principais clientes
ABM Ass Bras de Metalurgia
AES Eletropaulo
Grafica Editora Aquarela
São Paulo Cia de Dança
Secretaria de Estado da Cultura SP
Senac SP
Terra Trends

Você está vendo 12 cartazes, 8 marcas, 3 fotografias, uma fonte selecionado para a 3ªBienal Latinoamericana de Tipografia, 3 projetos selecionados para a 9ªBienal da ADG, outro projeto selecionado para o IF concept 09, uma homenagem entre outras coisas.Veja de tudo em www.vicentepessoa.com/indice/index

Vicente Pessôa / Seteoitavos

Principais clientes
azulejarte.com
Revista Sabores
Inês Rabelo
MOTEJO
Néctar Frutas
No Prelo Encadernações

Area de atuação
Design de Superfície
Design Editorial
Identidade Visual
Ilustração
Vídeo
Tipografia
Design & Arte

Posicionamento
político: conservador.
Designar é: ter e executar idéias que tiram as pessoas do eixo usando imagens e
Design é: a alma do negócio. Se não do negócio, é minh'arma.
Não se iluda:/a nova rosa/vêm de antiga muda.

Associado
Vicente Repolês O. Pessôa

Rua Dante, 61
São Lucas
Belo Horizonte, MG
30240-290
www.vicentepessoa.com
vicente@vicentepessoa.com
cel 31 8563.5333
tel 31 3245.0708
skype: vicente_pessoa

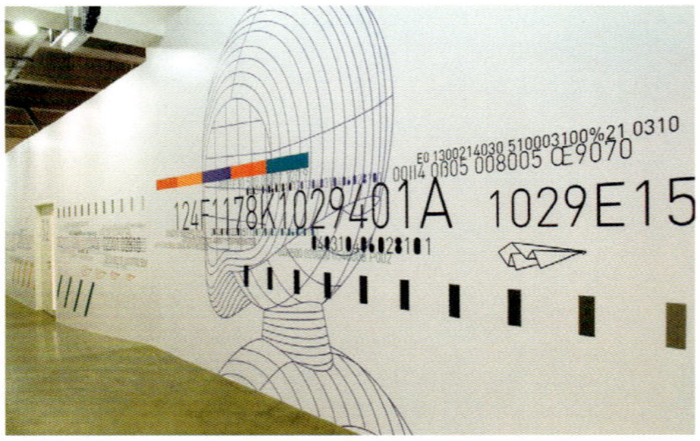

NAVE - Núcleo Avançado em Educação | Oi Futuro - Identidade visual, ambientação e sinalização. Museu do Futebol | Fundação Roberto Marinho - Direção de arte multimídia, identidade visual, sinalização e direção de vídeos.

Associado
Jair de Souza

Rua Humaitá, 85 - 201
Humaitá
Rio de Janeiro, RJ
22261-000
www.vintezeroum.com
contato@vintezeroum.com
jairdesouza@vintezeroum.com
tel 21 2527.0742
fax 21 2226.7006

Vinte Zero Um

Posicionamento

A Vinte Zero Um é uma empresa de branding cultural que através do design desenvolve soluções multimídia de comunicação. Projetos originais, que relacionam a empresa com os valores culturais da sociedade, através de experiências reais.

Area de atuação

Branding Cultural
Exposição / Ambientação
Marcas / Identidade Visual
Editorial
Design multimídia
Web
Vídeo

Principais clientes

Oi Futuro
Fundação Roberto Marinho
Aprazível Edições
Centro Cultural Banco do Brasil
Senac Rio
Múltiplos Projetos Culturais
Brasil Telecom

Vira Design

BAT! Eventos e Promoções

Museu Aberto CIDADE VIVA

fan 2º festival de arte negra de belo horizonte

Virginia Queiroz de Souza

Principais clientes
BAT! Eventos e Promoções
Vira Design
Festival de Artes Negras

Area de atuação
Editorial
Identidade Visual
Design Promocional
Embalagem

Posicionamento
Muito mais do que saber usar as ferramentas é preciso ficar atento a tudo aquilo que faz parte da nossa vida porque é daí que surgem as idéias mais criativas. Observar, vivenciar, experimentar é ainda o melhor caminho para fazer coisas diferentes.

Associado
Virginia Queiroz de Souza

Endereço
Rua Chile, 124, 302 Sion
Belo Horizonte
30310-670 MG
www.torchetti.com.br
virginia@torchetti.com.br
tel 31 3045.8000
fax 31 3045.8000
virginiaqs@hotmail.com

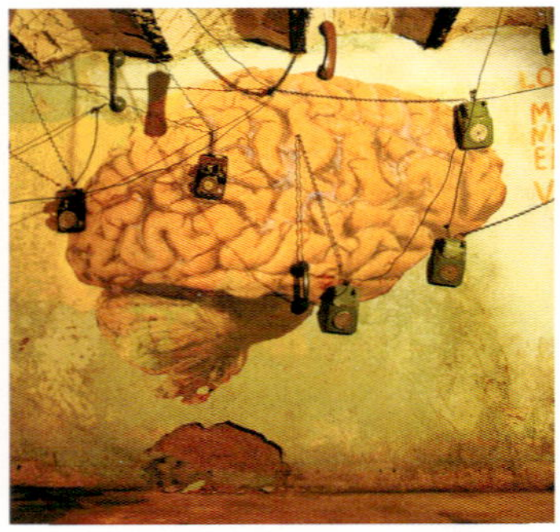

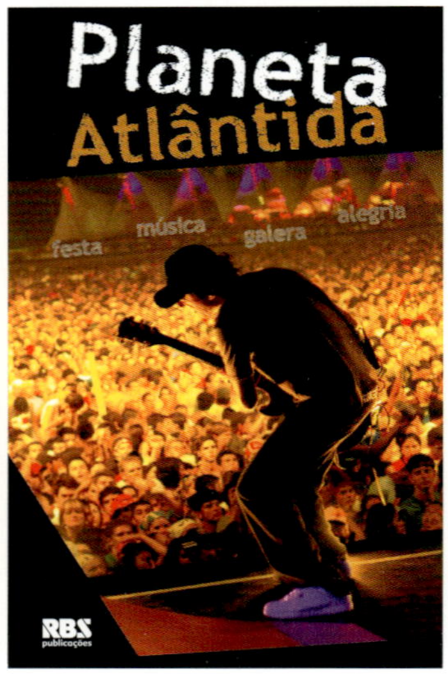

Acima: cartazes para espetáculos teatrais e para salão de artes plásticas. Ao centro: projetos editoriais completos e a ambientação *Porões da Mente*. Abaixo: mala-direta promocional para ciclo de palestras sobre o escritor Caio Fernando Abreu e capas de livros.

Associado
Flávio Wild

Rua Ramiro Barcelos 1172 / 229
Bairro Independência
Porto Alegre / RS
90035-002
wildstudio@terra.com.br
tels 51 3311.8379 e 9968.0374

WildStudio Design

Posicionamento

A WildStudio Design busca a maior dramaticidade visual em suas abordagens gráficas e o equilíbrio entre os elementos das composições é feito de permanente tensão.

Area de atuação

Design Editorial e Design Promocional para eventos culturais

Principais clientes

RBS Publicações
Theatro São Pedro
Secretaria Municipal da Cultura
Instituto Estadual do Livro
Artmed Editora
Casa de Cinema de Porto Alegre
Telos Cultural

Peças gráficas do SPA das Artes 2008.

Zoludesign

Associado
Luciana Coutinho Calheiros

Principais clientes
Secretaria de Cultura da Prefeitura do Recife
Museu de Arte Moderna Aloisio Magalhães – MAMAM
Amparo Sessenta Galeria de Arte

Area de atuação
Projeto Editorial
Identidade Visual
Sinalização

Posicionamento
Para se obter um resultado eficaz, independentemente do projeto, é necessário compreendê-lo e diagnosticá-lo para só assim produzir soluções criativas e diferenciadas.

Rua Vigário Barreto, 122 / 106
Centro Empresarial Espinheiro
Graças, Recife, PE
52020-140
www.zoludesign.com.br
luciana@zoludesign.com.br
tel 81 3241.7178

Prêmio Toy Art Monet - Ed. Globo (img esquerda superior) e Promo Zupi (img direita superior)
Ilustração Índio - Senac (img centro)
Edições Revista Zupi (img inferior)

Associado
Allan Szacher

Zupi Design

Rua Conde de Irajá 208
Vila Mariana
São Paulo, SP
04119-010.
www.zupidesign.com
info@zupi.org
55 11 5084.9040

Posicionamento
"Abasteça com Idéias". Pensamos, agimos e respiramos design 24h por dia trazendo o melhor do Brasil e do Mundo para nossos clientes.

Area de atuação
Editorial
Identidade Visual
Web Design
Curadoria
Eventos
Conteúdo
Hospedagem de Sites

Principais clientes
Globo
Senac
Sesc
Revista Zupi
Boom SP Design
Revista iMasters
Pixel Show

Associados ADG Brasil

Associados ADG Brasil

AC
Guilherme Kiehl Noronha

AL
Marcos Antonio Spinassé

BA
Fabio Alves Mascarenhas
Hermes Bispo de Souza Júnior
João Paulo Ferreira da Silva
Ronia Lobão Albiani Alves

DF
Aleixo de Souza Leite
Celia Matsunaga
Cláudia R. Ramalho Pires El-moor
Hyrla Marianna Oliveira de Souza e Silva
João Guilherme Siqueira Del Negro
Pedro Henrique Mendes Garcia
Wagner Alves Coutinho Junior

ES
Felipe Pereira Gama
Patrick Barbosa Soares

GO
Greyner Santos Nóbrega
Rafael Augusto de Oliveira Falco

MA
André Fabiano Aranha de Macedo
Delano Rodrigues
Francisco Junior dos Santos Lima
João Rocha Raposo
José Antonio R da S. Ramos Jr.

MG
Adriano Zanetti Westin
Alessandra Maria Soares
Andreia Costa
Arnaldo César Duarte
Cláudio Santos Rodrigues
Edson de Lima Gonçalves
Eduardo Braga
Fabiana Ferrarezi Campos
Frederico Braga Torres Paulino
Gabriel Lopes Barbosa
Gabriela Pinheiro Mendes
Guilherme Albuquerque de Moraes
Guilherme Moreira Seara
Guilherme Sales Naves Alves
Gustavo Greco
Iara Aguiar Mol
Isabela Sertã
Kaorí Ishihara Tamekuni
Luciano A. de Paula
Maló Moutinho
Márcia Larica M. Alves
Marcio Barbalho dos Santos
Márcio Moreira Lambert
Mariana Guimarães Brandão
Mariana Machado Coelho Hardy
Marina Dalva Nunes Brant
Mario Osvaldo Suarez Gonzalez
Naraiana Baudson Peret
Nélio Gomes Ribeiro
Rafael de Freitas Silva Maia
Rafael Neder
Rogério Pires Caetano
Samuel Magalhães Profeta
Sebastião Brandão Miguel
Sergio Luciano da Silva
Simone Souza de Oliveira
Sinval do Espirito Santo Neto
Tiago Capute
Vanessa Salles Monteze
Vicente Repolês Oliveira Pessôa
Virginia Queiroz de Souza
Viviane Avelar Gandra

PA
Alessandro Filizzola Araújo
Fernanda Martins
Giselle Cristina Pinheiro de Aragão
Joercio Fontinelle Barbalho Junior
Maria Roseli Sousa Santos
Sâmia Batista e Silva
Sergio de Abreu

PE
Buggy Costa
Carla Patricia Pacheco Teixeira
Carlos Fernando Eckhardt
Daniel Pinheiro
Luciana Coutinho Calheiros
Rodrigo Sushi

PR
Alessandro Tauchmann
Ericson Straub
Fábio Alexandre Mocelin
Guido Lautert Dezordi
Joaquim Fernandez Presas
Karine Mitsue Kawamura
Lucilia de Sá Alencastro
Ludger Tamaoki
Luis Antonio Conforto Filho
Marcelo Calado
Marcos Minini
Mariana Soares da Silva
Mayra Andrade Pedroso
Naotake Fukushima
Natalie Pereira Guimarães
Renan Molin
Renato Bertão
Silvio Silva Jr.
Thamise G. R. Lopes
Vinicius Marchini del Cura

RJ
Ana Soter
Ana Luiza Taunay da Graça Couto
Ana Sofia Mariz
André Lima Teixeira Leite
André Stolarski
Anna Paula Martins
Axel Hermann Sande
Bruno Lemgruber
Bruno Neves Ferreira da Silva
Bruno Porto
Bruno Vitola Maggioni
Camila Moraes Soares da Silva
Carolina Robertson Prego Cadaval
Chris Lima
Clara Meliande
Cláudia Marinho Ruiz de Gamboa
Diogo Guimarães Montes
Érico Carneiro Lebedenco
Evelyn Grumach
Fabio Lopez
Fernanda Galindo Silvares
Guilherme Pecegueiro do A. Curado
Heloisa Faria
Isabella Perrotta
Jair de Souza
João Doria
Julia Figueira Rodrigues
Karen Santos Cesar
Leandro Pitta Amorim
Leonardo Cardoso Eyer Joras
Leonardo Conrado
Leonardo Rodrigues dos Santos
Luiza Corrêa da Costa Chamma
Maíra Gonçalves Lacerda
Marcelo de Carvalho Pereira
Carlito Carvalhosa
Marcelo Fonseca da Rocha
Marcelo Martinez
Marcelus Silveira Viana
Marcio André Baptista de Oliveira
Marco Aurelio Veiga
Maria Cristina Garcia Rebello
Mariana Araújo Mota
Mariana Dutra de Paula Barros
Mário da Costa Fernandes
Mark Feddersen
Martha Frohmuller
Ney Valle
Paola Gama Cid Loureiro
Patricia Lopes Sobral
Paulo Braga Prado
Pedro de Siqueira Kuperman
Pedro Segreto
Rafael Ayres
Rara Dias
Rebecca de Farias Nunes
Renata Gobert Torres
Ricardo Souza Leite
Roberto Carneiro da S. C. Filho
Roberto Saeta Lacerda
Rodrigo Rocha Saiani
Rogério Foster Vidal
Theo de Oliveira Carvalho
Valeria Grevy Bastos

RS
Évelyn Bisconsin
Fabio Luiz Haag
Flavio Wild
Tatiana Sperhacke

SC
George Varela
Giovanna Stewers

SE
Bruna de Jesus Pereira

SP
Adriana Costa Teixeira
Adriana de Araújo Campos
Alceu Chiesorin Nunes
Alexandre Venâncio
Alexandre Wollner
Ana Carolina Patitucci
Ana Paula Hoffmann F. Basaglia
Anastacio Sanches Gomes
André Lacroce
André Poppovic
André Senra
Andréa Mitre El Banat
Antonio Carlos Souza Brandão
Ashiley Mendes Dias Hidaka
Augusto Tadachi Mory
Beatriz Ejchel
Beto Almeida
Bruno de Souza Galliez
Carla Martins de M. Arguello
Carlos André Eyer
Carlos Antônio Ferro
Carlos Magno Lemos Thomaz
Carolina Sampaio de Araujo
Carolina Tegagni
Cecília Consolo
Cesar Koji Hirata
Cezar Leonardo de Paula Bianchi
Christine Miocque
Claudia Briza
Cristiana Serpa Ferreira
Cristiane Kawasaki Minami
Cristiano F. Burmester
Cristina Yoshico Syono
Daniel Hissao de Carvalho Akashi
Danise Menezes Homsi
Edmundo Ferreira França
Edson Sanches Gozzo Jr.
Eduardo Rocha Cavalcanti
Eduardo Rosa
Eduardo Saron Nunes
Elaine Ramos
Emerson Francisco da Rocha
Emerson Marinho Nóbrega
Ernesto Harsi
Evandro Francisco da Rocha
Ewerton Mokarzel
Fabiana Medaglia Soccol
Fabiana Zanin
Fabio Augusto Camargo
Fábio Luíz Celani Bueno
Fábio Tomohiro Nitta
Fábio Vieira Prata Silva
Felipe Galindo
Fernanda de Jesus Vidal
Fernanda Maria Prado
Fernando Cornacchia
Flávia Barreto e Silva
Flávia Castanheira
Flavia Nalon
Flávio Lozano
Giovanni Vannucchi
Glicério Rocha
Guilherme Sebastiany M. de Toledo
Gustavo Scotto Piqueira
Helga Miethke
Hélio Mariz de Carvalho
Isabel Frota de Abreu
Isabel Ribeiro Sobral
Jefferson Cortinove de Oliveira
João Paulo Ramalho Vaz
José Ribamar Lins Sousa Junior
José Roberto Novais de Andrade
Juliana Falcão Fadiga
Juliana Gazza Amaral
Juliana Ribeiro Azevedo
Karla Wanderley da Silva
Lara Cristina Vollmer
Laura Teixeira
Leonardo Mascaro
Leticia Hutt Dias de Moura
Lilian Shyemin Ie
Lucia Helena de Macedo Dossin
Luciana Saez Orvat
Luisa Whitaker
Luiz Fernando Ricardi
Lyssandra Macedo Pereira
Manuela Novais
Marcelo Aflalo
Marcelo Bautista Pliger
Marcelo Cupertino
Marcelo Pires Serra
Marcilio Antonio Florindo
Marco Aurélio Kato
Kiko Farkas
Marco Mauro Mori
Marco Ruotolo
Marcos de Moraes Sarmento
Maria Cecília Furtado Rodrigues
Maria Cristiana Pizante Millan
Maria Regina C. Junqueira
Marianita da Veiga Sicupira
Marilia Malzoni Marchi
Marina Alexandrino Botter
Mario Narita
Marisa Iniesta Martin
Marise de Chirico
Marklen Siag Landa
Marly Eiko Y. Nakabayashi
Mateus Valadares
Mauricio Trentin
Milton Cipis
Milton Koji Nakata
Miriam Rumi Furuno
Mônica Watanabe
Nikolas Lorencini
Nivia Carla Barbosa
Olivia Ribeiro Ferreira
Paola Prado Mouro
Pedro Luis Camargo de Carvalho
Priscila Loss Fighera
Rafael Aflalo
Rafael de Azevedo Alves de Abreu
Renato Salgado
Renato Santos
Ricardo José de Caroli
Ricardo Ohtake
Ricardo Santos Moreira
Nasha Gil
Ricardo van Steen
Rico Lins
Rita Mayumi Kayama
Rodolfo Rezende
Rodrigo d´Avila Pimenta
Rodrigo Soares
Rogerio Batagliesi
Romy Hayashi
Ronald Kapaz
Rosana Martinez
Ruth Klotzel
Sabrina Lotfi Hollo
Sibiane Soares Gauer
Silvia Sanae Kabashima
Sônia Valentim de Carvalho
Taiam Ebert
Thiago Lacaz
Vanessa Rodrigues
Vicente Gil
Vivian de Cerqueira Leite
Vivian Suarez Martins
Vivian Werdedesheim
Wilson Spinardi Junior
Zeuner Fraissat

Diretoria ADG

ADG Brasil

Gestão 2007/2009
André Stolarski
Bruno Lemgruber
Eduardo Braga
Delano Rodrigues
Fabiana Medaglia Soccol
Fernanda Martins
Mariana Jorge
Sônia Valentim de Carvalho

Conselho Fiscal
Christine Miocque
Lara Vollmer
Marco Aurélio Kato

Conselho de Ética
Milton Cipis
Rico Lins
Ronald Kapaz

ADG Brasil/MG
Gustavo Greco
Márcia Larica
Márcio Lambert

ADG Brasil/PA
Alessandro Filizzola
Sâmia Batista
Sérgio De Abreu

ADG Brasil/RJ
João Doria
Isabella Perrota
Rafael Ayres

Conselho Consultivo
Adelia Borges
Antonio Roberto Oliveira
Cecilia Consolo
Freddy Van Camp
Helga Miethke
João de Souza Leite

Créditos

ADG Brasil

MOSTRA INSTITUCIONAL ADG
Supervisão
André Stolarski

Comunicação
Fabiana Medaglia Soccol

INDEX ADG BRASIL
Edição e Supervisão
Bruno Lemgruber

Projeto Gráfico e Editoração
Tabaruba Design

Painel Associados
Karuana Identidade de Marcas

Edição e Revisão
Sônia Valentim de Carvalho

Realização
Universidade Anhembi Morumbi

ADG BRASIL
Parceiros/Apoiadores
2007-2009
Arjowiggins
Centro Universitário Senac
Insign
Offset Gráfica
Panamericana Escola de Arte e Design
Paper Express
Paulo Gomes de Oliveira Filho Advogados
Postscript
Revista Agitprop
Revista Computer Arts
Revista Publish
Revista Zupi
Sala de Serigrafia
Suzano Papel e Celulose
Universidade Anhembi Morumbi

ADG Brasil
Associação dos Designers Gráficos
R. Pedroso Alvarenga 1221, 2º andar
04531.012 São Paulo SP

tel 55 [11] 3565.0959
tel 55 [11] 2191.4802
fax 55 [11] 3565.0959

adg@adg.org.br

Créditos

Prefeitura da Cidade de São Paulo
Gilberto Kassab

Secretaria Municipal da Cultura
Carlos Augusto Calil

Centro Cultural São Paulo
Martin Grossmann e equipe

Divisão Administrativa
Heloísa Helena de Amorim Dip
e equipe

Divisão de Curadoria e Programação/Núcleo de Curadoria de Artes Plásticas
Carla Zaccagnini e equipe

Divisão de Acervo, Documentação e Conservação
Isis Baldini e equipe

Divisão de Bibliotecas
Vera Lucia Janela e equipe

Divisão de Produção e Apoio a Eventos
Luciana Mantovani e equipe

Divisão de Informação e Comunicação
Durval Lara e equipe

Divisão de Ação Cultural e Educativa
Guilherme Teixeira e equipe

Coordenação Técnica de Projetos
Patricia Cesch

EXPOSIÇÃO
Curadoria
Cecília Consolo e equipe

Coordenação
Paulo Monteiro

Museografia
Bartira Ghoubar

BIENAL ADG BRASIL 2009
Supervisão
André Stolarski

Comunicação
Fabiana Medaglia Soccol

Financeiro
Sônia Valentim de Carvalho

Curadoria Geral
Cecilia Consolo

Curadores
Alécio Rossi
Celso Longo
Chico Homem de Melo
Fátima Finizola
Fred Gelli
João de Souza Leite
Mateus de Paula Santos
Paulo Moretto

Produção
Arte3
Ana Helena Curti

Coordenação
Carolina Bueno Santos
Aby Cohen
Daniela Ribeiro

Identidade Visual
Cecilia Consolo e
Luciano Cardinali

Comunicação Visual
projeto
Cecília Consolo e Fábio Nitta

Instalação
Corum Digital

PREFEITURA DA CIDADE DE SÃO PAULO
SECRETARIA DE CULTURA

Centro Cultural São Paulo